메르카토르중국연구소 보고서

'당이 정한다'

The Party Knows Best

'당이 정한다'

독일의 싱크탱크

메르카토르 중국연구소 보고서

MERICS REPORT

막스 쳉글라인 Max J. Zenglein · 야코프 군터 Jacob Gunter 지음

박행웅 옮김

한울
아카데미

차 례

제4장 | 중국은 모든 수단을 동원해 기술 자립을 추진한다 • 77

제5장 | 시진핑의 새로운 사회 계약은 전략적 목표를 최우선으로 한다 • 101

제6장 | 중국은 세계 경제에서 중심적인 위치를 차지하기 위해 경쟁한다 • 125

제7장 | 중국은 경제와 이데올로기의 균형을 맞추기 위해 분투하고 있다 • 155

옮긴이의 글

이 책은 시진핑의 지도력 아래 중국의 정치 및 경제 환경이 겪은 중대한 변화를 심층적으로 분석한다. 특히 중국공산당의 민간 부문에 대한 지배력 강화와 기술 자립 및 세계 경제 재편을 위한 중국의 전략적 전환을 집중적으로 다루고 있다. 시진핑은 2049년까지 "중화민족의 위대한 부흥"을 달성하겠다고 밝힌 바 있다. 이 과정에서 미국 경제를 추월하여 세계 제1의 경제대국이 되겠다는 야심을 가진 것으로 보인다. 이러한 목표를 설정한 기반에는 이제 중국이 전 세계 국내총생산(GDP)의 약 20%, 전 세계 제조업의 30%, 전 세계 무역고의 71%를 차지하면서 최대 무역 파트너로서의 경제대국이 된 상황이 자리하고 있다.

이를 위해 공산당은 민간 부문과 기업들에 대한 통제와 지도를 강화하고 있다. 당의 전략에 부합하는 기업들에는 인센티브를 제공하고, 그렇지 않은 기업들에는 규제와 단속 등의 제재를 가하고 있다. 주요 정책 우선순위는 ① 기술 및 공급망 자립 달성, ② 국제 경제 관계 재편 및 다각화, ③ 사회경제적 기반 유지이다.

중국공산당은 국내 경제를 관리하는 것을 넘어 세계 경제에서 중국의 역할을 재편하고 개발도상국 사이에서 중심적인 지위와 리더십을 확보하기 위해 노력하고 있다. 또한 주요 수입원을 다변화하고 새로운 수출 시장으로 무역 범위를 확장함으로써 외부 압력에 대한 복원력을 구축하는 것을 목표로 삼고 있다. 내부적으로는 내수 시장, 특히 부동산 부문의 리스크를 관리하는 데 주력하고 있으며, 어려운 상황에서도 가계 소비를 늘리도록 장려하고 있다.

한마디로, 이 책은 당-국가 통제 강화, 기술 및 공급망의 전략적 자율성, 글로벌 문제에서의 적극적인 자세를 특징으로 하는 새로운 통치 및 경제 발전 모델을 추구하면서 복잡한 전환기를 겪고 있는 시진핑 치하의 중국을 묘사하고 있다. 중국의 이러한 도전은 중국과 전 세계 간 관계에서 충돌을 빚을 수도 있지만, 한편으로는 2049년까지 중국이 선도적인 글로벌 강국으로 자리 잡겠다는 시 주석의 야망을 반영하고 있다.

당-국가 통제 강화는 2024년 들어 더욱 두드러지고 있다. 2024년 3월 11일 종료된 전인대에서는 '국무원 조직법'을 개정하여 중국공산당의 중앙정부에 대한 지도를 법적으로 명문화했으며, 개정된 '국가 기밀법'에 따라 30년 동안 전인대를 종료할 때 진행해 온 총리의 언론 브리핑도 사라졌다. 이 책에서는 국가 자본주의였던 기존의 중국이 시진핑 체제에서 당-국가 자본주의로 변화된 것에 대해 '주식회사 중국(China, Incorporated)'에서 '주식회사 중국공산당(The Party, Incorporated)'으로 탈바꿈했다고 선언한다. 이는 경제 문제를 국가 안보 수준으로 격상시켰다는 것을 의미한다. 당-국가 자본주의의 출현은 중국 정치의 '안보화'와 함께 경제 문제가 점점 더 국가 안보 문제로 간주되는 결과를 가져왔다.

당-국가의 제도적 확장을 보여주는 기본적인 지표는 민간 기업은 물론 외국 기업 내부에서도 당세포가 부활하고 있다는 점이다. 이제 민간 기업은 국내 안보 목표를 지원하는 핵심 주체이다. 하지만 국가와 민간 행위자 간 경계가 모호해지는 중국의 새로운 모델은 국제적으로 서방의 반발에 부딪치게 되었다. 더구나 불투명한 보안 규제가 강화됨에 따라 외국 기업들은 불안정한 상황에 처하게 되었다. 2023년 미국에서 출간된 『중국의 국가와 자본주의(The State and Capitalism in China)』에 따르면, 2017년 말까지 188만 개의 비국가 기업에서 당 조직이 설립되었는데, 이는 전체 비국가 기업의 73%에 달하는 수치이다.

이 책은 유럽과 기타 자유시장경제 국가들이 중국에서 작동하는 이런 시스템적 차이를 인정하고 중국 시장 내에서의 입지를 방어해야 하며 글로벌 남부 시장에서 취해 온 수세적인 자세를 '공세적인' 경쟁체제로 전환해야 한다고 촉구한다. 이는 중국과의 경제 관계가 유럽 어느 나라 못지않게 광범위하고 깊은 한국에 매우 중요한 시사점을 제공한다.

당초 메르카토르중국연구소(MERICS)의 회원들을 대상으로 작성한 이 보고서를 한국 독자들을 위해 한국어판을 번역 출간하도록 허락해 준 MERICS 측의 배려에 깊은 감사를 전한다.

2024년 봄

옮긴이 박 행 웅

[P.S.] 이 보고서의 원제목인 "공산당이 가장 잘 알고 있다(The Party Knows Best)"라는 문구는 조지 오웰의 소설『1984』를 연상시킨다. 이 문구가 이 책에서 명시적으로 나오지는 않지만, 당의 절대적 통제와 전지전능함에 대한 믿음이라는 개념은 책 전반에 걸쳐 널리 퍼져 있기 때문이다. "빅 브라더가 당신을 지켜보고 있다", "무지가 힘이다"와 같은 문구는 당의 무소불위를 나타내는 이데올로기를 요약한다("무지가 힘이다"라는 문구에는 국민들을 무지한 상태로 유지시켜 진실을 숨기고 정권의 허위 선전에 현혹되게 함으로써 권력을 공고히 하려는 의도가 내포되어 있다). 사회를 위해 무엇이 최선인지를 당은 알고 있다는 생각은 당의 행동과 선전 전반에 내포되어 있다.

감사의 글

MERICS의 동료들에게, 그리고 전 세계 사람들로부터 받은 도움과 귀중한 통찰력에 깊이 감사드린다. 특히 싱가포르에 연구차 방문한 기간 동안 나눈 많은 교류에 큰 빚을 지고 있다. 그들의 피드백과 변함없는 지원은 이 연구를 성공적으로 완수하는 데 중요한 역할을 했다. 하지만 개인정보 보호를 위해 MERICS 소속 인사들만 언급하겠다.

MERICS의 미코 후오타리(전무이사)와 클라우디아 웨슬링(커뮤니케이션 및 출판담당이사)이 제공한 건설적인 의견과 권고에 감사를 표한다. 특히 수많은 그림을 제작하는 데서 탁월하게 작업해 준 알렉산드라 힌릭스(그래픽디자이너)와 텍스트를 세심하게 편집해 준 엘렌 탈만에게 감사의 말을 전한다. 또한 지난 한 해 동안 MERICS의 경제연구팀을 지원해 준 여러 인턴의 연구지원에도 감사를 표한다.

텍스트상의 모든 오류는 전적으로 작성자의 책임이다.

요약

당-국가의 목표는 중국을 세계 경제의 중심으로 되돌리는 것

시진핑 주석은 집권 10년 만에 중국의 정치경제와 국가개혁 경로를 근본적으로 재편했다. 현재 중국 경제에서 전개되고 있는 변화는 오늘날 중국지도자들이 "중국식 현대화"라고 부르는 작업의 시스템적 특징과 이 작업이 국내외에서 어떻게 실현되고 있는지를 보여준다. 국내 경제에서는 (공산)당이 자의든 타의든 중국의 기업을 국가 전략적 우선순위에 맞추기 위해 기업에 대한 통제력을 확대함에 따라 당의 영향이 가시화되고 있다. 국제적으로 중국과 자유주의 시장경제 간 관계는 통합에서 치열한 경쟁과 잠재적 갈등으로 옮겨가고 있다.

중국은 국내 경제와 국제 경제 관계를 동시에 재구성하는 과정에서 마찰을 겪고 있다. 경제성장이 둔화되고 있지만 중국이 위기에 처한 것은 아니다. 핵심 요인은 부동산 부문이 축소된 것인데, 이는 고통스럽지만 필요한 전환의 일부이며 의미 있는 진로 수정을 기대해서는 안 된다는 것을 의미한다. 좋든 나쁘든, 시진핑 주석이 표방한 발전경로는 중국공산당이 '중화민족의 위대한 부흥'을 달성하여 강하고 번영하는 중국을 2049년까지 세계의 중심 무대에 다시 올라서게 하려는 열망에 따라 제시된 것이다.

전 세계의 정책입안자와 기업 리더들은 중국이 초래한 위험과 도전이 가득한 새로운 환경에 직면해 있다. 여기에는 경제 및 기술 관련 경쟁뿐만 아니라 '글로벌 사우스'에서의 시장과 영향력을 둘러싼 경쟁도 포함된다.

이 책은 중국 경제 거버넌스의 구조적 변화를 분석함으로써 시진핑 국가주석의 전략적 비전에 따른 중국의 미래 경로를 더욱 깊이 이해하는 것을 목표로 한다. 이미 상당한 차이를 보이고 있는 중국의 경제 모델과 유럽 및 기타 자유시장경제 모델 간의 차이는 계속 커지고 더 많은 마찰을 일으킬 가능성이 높다. 관찰자들은 중국이 실용주의로 회귀하고 진로를 수정하리라는 희망적인 생각을 버려야 한다. 대신 변화하는 중국에 대응하기 위한 자체 전략을 고려할 필요가 있다.

당은 국가를 위한 전략적 목표를 추구하기 위해 정치경제를 변화시켰다

시진핑은 중국의 최고지도자로서 첫 10년 동안 덩샤오핑, 장쩌민, 후진타오 등 전임자들의 정치경제 규범에서 꾸준히 탈피했다.

이전 시대가 개발 중심의 정치경제로 통치되었다면, 시진핑이 내세운 신시대(新時代)는 지정학 중심의 정치경제로 통치되고 있다. 과거에 기술적으로 선진국을 따라잡는 것이 중요했던 것처럼 시 주석의 중국에서도 성장과 사회경제적 발전은 여전히 중요하다.

그러나 시 주석의 정치경제 재조정은 중국의 전반적인 발전을 촉진하는 것을 목표로 하는 것이 아니라, 국가 '부흥'의 전 단계로서의 안보화, 즉 지리적·정치적으로 어려운 환경에서 회복력을 추구하는 것을 목표로 하고 있다. 이러한 비전을 실현하기 위해 당-국가는 경제 주체들에 대한 통제와 지도를 강화하여 2049년까지 다음 세 가지 주요 목표를 달성하도록 이끌고 있다.

- **우선순위 1. 기술 및 공급망 자립 달성:** 가능한 경우 중국공산당은 공급망을 국내화하고 기술 격차를 해소하여 중국 국경 내에서 가치 사슬을 확보하기 위해 노력할 것이다. 다른 어떤 국가도 자원, 기술, 자본, 시장에 대한 접근을 통해 중국을 견제할 수 없도록 만드는 것이 목표이다.
- **우선순위 2. 중국의 국제 경제 관계 재편 및 다각화:** 중국은 석유, 가스, 대두, 철광석, 주요 원자재 등을 국내에서 공급할 수 없는 경우 공급업체를 다각화하여 회복력을 구축하는 것을 목표로 한다. 또한 중국은 수출 시장을 다변화 및 개발하고자 하며, 특히 자칭 개발도상국의 리더로서 세계 경제에서 중심적인

역할을 수행하고자 한다.

- **우선순위 3. 중국의 사회경제적 기반 유지 및 강화:** 이는 더 이상 베이징의 최우선 과제는 아니지만, 개발은 여전히 중요하다. 하지만 최근 몇 년 동안 성장보다는 부동산, 부채 축소 등 내수시장의 리스크를 관리하는 것이 명확한 우선순위였다. 한편, 시진핑 주석이 가계지출을 증대해야 한다고 강조했음에도 불구하고 소비성장은 부진했다.

당-국가는 경제 주체들을 이끌기 위한 새로운 툴킷을 사용해 국가 부흥을 위해 노력한다

시진핑의 경제 정책에는 마르크스-레닌주의적 요소가 포함되어 있으며 중국공산당의 역할이 훨씬 더 강해졌다. 새로운 정치경제는 21세기형의 경제적·기술적 대중 동원에 참여하는 '전 국가 모델'을 장려한다. 당-국가는 경제 주체들에 대한 통제와 지도를 대폭 확대하여 경제 주체들이 국가 전략 목표를 달성하는 데 기여하도록 조율했다. 이 조치에는 징계 시스템과 인센티브가 혼합되어 있다. 시진핑의 정책은 기업의 수익성이나 중산층 부유화에 초점을 맞추지 않는다. 대신 실물 경제의 전략적 부문, 주로 첨단 제조업과 AI와 같은 신흥 기술에 경제 자원을 집중하도록 되어 있다. 부동산이나 소비자 인터넷과 같은 분야는 비전략적이거나 불안정한 것으로 간주되어 지난 2년간 대대적인 단속이 이루어졌다.

당의 지도력 강화는 중국의 민간 부문과 첨단 기술 패권을 달성하는 데 핵심적인 역할을 담당하는 기업가들의 비즈니스 환경에 중대한 영향을 미친다. 베이징 정부가 기업 운영을 좌지우지하는 소유 및 지배 모델들이 구체화되고 있다. 일부 기업에서는 황금주를 통하여 거부권을 확보하고 있으며, 당의 영향력과 비공개적인 지침인 윈도 가이드(window guide, 중국정부가 기업에 대한 영향력을 행사하는 비공개적인 지침 시스템_옮긴이)를 통해 실권을 장악하고 있다.

한편, 베이징 정부의 목표에 부합하지 않는 기업에 대해서는 단속과 시정 캠페인, 기업공개 차단, 그리고 표면적으로는 변덕스러워 보이는 (하지만 실제로는 조직적인) 규제 집행을 통해 유명 기업을 굴복시키고 다른 모든 기업에게 경고 메시지를 보내는 등의 채찍을 가했다. 동시에 베이징의 비전에 부합하는 기업에게는 유리한 주식 상장, 외국 경쟁으로부터의 보호, 보조금과 저렴한 자금 조달에서부터 세계 최고의 하이테크 중소기업을 육성하기 위한 정부 지원프로그램인 리틀 자이언트 이니셔티브에 이르기까지 당근도 함께 제공하고 있다.

민간 부문은 당의 리드를 따라야 한다

실용주의보다 이념을 우선시하는 중국공산당이 이제 민간 부문을 장악하고 있다고 주장하는 사람들도 있다. 하지만 시진핑 주석은 민간 부문을 약화시키려는 것이 아니라, 이미 참여하고 있는 민간 부문에 보상을 제공하면서 필요한 사람들을 조정하고 있다. 결국 기술 조정은 거대 기술 기업을 죽이려는 것이 아니라, 이들을 전략적 목표에 맞게 조정하고 특히 사이버 및 데이터 보안 문제와 같이 진화하는 국가 안보 생태계에 부합하도록 하려는 것이다.

이 모델의 효과는 중국에서 가장 기술적으로 발전하고 글로벌 경쟁력을 갖춘 일부 기업에서 볼 수 있듯이 어느 정도 성공을 거두었다. 이 책에 수록된 사례 연구에서는 각 기업들의 사례를 살펴볼 수 있다.

- **알리바바**는 베이징 정부로부터 여러 차례 탄압(채찍)을 당한 후 당-국가의 의제에 완전히 부합하도록 사업 부문을 6개의 별개 법인으로 분할했다. 이는 각 부문이 기술 자립을 최우선으로 하여 각기 정부의 전략적 목표에 부합하도록 하기 위한 것이었다.
- **텐센트**는 여러 가지 규제(채찍)로 타격을 받았으며, 신규 승인을 장기간 동결하는 등 게임 부문에 대한 규제를 강화하고 있는 규제 당국으로부터 국내 게임 시장보다는 국내 기술 격차를 해소하는 데 더 집중해야 한다는 간접적인 메시지를 받고 있다.
- **화웨이**는 이미 국가 목표에 부합하고 있었기 때문에 중국의 규제가 필요하지 않았다. 화웨이는 탄압 대신 중국이 지적한 기술 격차를 해소하기 위한 지원과 보호라는 지원(당근)을 많이

받았다.

- BYD는 이미 전기차 시장에 대한 베이징 정부의 기대치와 완전히 부합하고 있었고, 국내 시장에서 급성장하는 동시에 글로벌 수출 및 투자 기반 확보 과정에서 광범위한 조달 특혜, 지역 보조금, 그리고 기타 다양한 지원(당근)을 누렸다.
- 중앙 소유 국유기업 중 하나로 베이징 정부의 직접적인 통제를 받고 있는 **코스코**(COSCO)는 이미 국가 전략과 연계되어 있을 뿐만 아니라 중국 내에서도 엄청난 지원과 보호를 받고 있다. 코스코는 자국 시장의 이점을 해외에 투영하면서 특히 일대일로(一帶一路) 이니셔티브를 통해 중국의 국제적 변화에서 중심적인 역할을 하고 있다.
- 중외 합작사로서 당-국가 통제 측면에서 미묘한 균형을 관리해야 하는 GAC-**도요타**는 주로 선의의 방임으로 인해 혜택을 누리고 있다. 베이징이 보기에 이 회사는 일자리, 세수, 직업 훈련 등을 제공하는 경제적 기준선 보유자로서의 역할을 수행하면서 은밀하게 움직이고 있다.
- **리더드라이브**는 중국의 '리틀 자이언트' 중 하나로, 정책적 조치와 특별 금융을 포함한 국가의 우호적인 홍보를 통해 막대한 지원을 받고 있다. 전략 기술을 보유한 소규모 하이테크 기업은 상승 궤도를 가속화하려는 당-국가에 의해 다양한 방식으로 채택되고 육성된다.

성장 둔화에 따른 정책 조정에도 불구하고 더 강력한 지침이 유지될 것이다

현재 기술 중심의 아젠다는 중국을 분명한 궤도에 올려놓았지만, 그 성공을 장담할 수는 없다. 이데올로기 중심의 야망이 경제 현실과 충돌할 때 시 주석의 지속 가능성은 시험대에 오를 것이다. 정책 방향을 효과적으로 시행하고는 있지만, 이러한 선택에는 장단점과 경제적 비용이 수반된다. GDP 성장이 둔화되고 있으며, 중국은 잠재적으로 번창하고 있는 중산층 소비 시장을 활성화하지 못할 심각한 위험에 처해 있다. 자원 배분이 여전히 강력한 두 가지 큰 영역은 기술 자립과 군사 현대화이다. 그러나 동시에 공격적인 산업 업그레이드에도 불구하고 생산성 향상은 더디게 진행되고 있다. 자립화 캠페인이 성과를 내지 못하고 있는 것은 아니지만, 생산성 향상은 부차적인 것이며, 수입하던 것을 대체하는 데 그치고 있어 실질적인 생산성 향상은 제한적이다.

중국의 전반적인 정치경제의 방향을 가늠할 수 있는 2023년 3중전회가 다가옴에 따라, 3중전회가 열리는 배경을 이해하는 것이 중요하다. 중국 지도부는 현재의 경제적 어려움과 신뢰 회복에 대한 압박이 가중되고 있음을 인정하고 있다. 최근의 사소한 정책 변화는 실용적인 경제 정책으로 돌아가는 듯한 인상을 주었지만, 이러한 몇 가지 데이터 포인트를 수년에 걸쳐 형성된 추세선에서 벗어난 것으로 해석해서는 안 된다.

시 주석은 지난 10년간 중국공산당이 경제에 대한 통제력을 강화하기 위해 이룩한 상당한 진전을 되돌릴 의사가 있다는 뜻을 내비친 적이 없다. 중국과 해외에서 많은 사람들이 불만을 표출하고 있지만, 시 주석의 경제 비전은 여전히 확고하다. 정책 입안자와 비즈니스 리더는 이 비전에 따라 계획을 세워야 한다.

1

신시대:
시진핑, 중국 경제를 다른 길로 이끌다

주요 조사 결과

- 중국은 현재 세계 경제 질서의 중심을 차지하기 위해 경쟁하고 있으며 혁신 강국으로 자리 잡고자 한다.
- 시진핑 주석의 새로운 정책은 성장 둔화와 서방 국가들의 봉쇄 전략에 대한 대응이기도 하지만, 중국 경제의 새로운 발전 틀을 마련하기 위한 것이기도 하다.
- 베이징 정부의 해답은 기술 중심의 의제이다. 이는 감소하는 노동 인구 문제 해결, 생산성 향상, 그리고 미국과 그 동맹국에 대한 의존 감소를 위한 것이다.
- 중국의 미래 발전 방향은 중국과 자유시장경제 국가들 사이의 갈라지는 불신에 의해 형성되고 있다. 지난 수십 년간의 경제 통합과 상호 의존 관계 수용과는 대조적으로, 신시대에서는 위험 완화가 모든 국가의 최우선 과제가 되었다.

중국 경제는 중대한 기로에 서 있다

40년간의 시장 개혁과 글로벌 통합을 거친 중국 경제는 중대한 기로에 서 있다. 중간 소득 함정을 극복하고 혁신과 생산성을 높이기 위한 새로운 성장 모델이 필요한 지금, 중국은 경제 발전의 가장 어려운 국면에 직면해 있다. 2023년 가을에 열리는 제20기 중앙위원회 3차 전체회의는 향후 몇 년간의 중국의 경제 궤도를 결정할 것이다. 2013년 제3차 전인대에서 시진핑 주석은 정치 및 경제 개혁의 우선순위로 국가와 시장의 역할에 대한 신중한 균형을 제시했다. 시진핑의 개혁은 당내 진보 세력과 보수 세력 간의 타협을 의미하는 것이었지만, 해외의 많은 사람들은 시진핑이 중국이 필요로 하는 개혁가일지도 모른다고 기대했다. 시 주석이 단행한 중국 경제 정책 조정은 이전 성장 모델의 유산인 '불균형하고 부적절한 성장'의 부작용에 대처하는 것을 목표로 한다. 예를 들어, 부채 비율이 높은 금융 시스템과 GDP의 거의 30%를 차지하는 부동산 부문이 여기에 포함된다. 동시에 이러한 변화는 서구의 봉쇄 노력과 중국의 기술 접근을 제한하려는 시도에 대한 대응이기도 하다.

시진핑은 2035년까지 주요 이정표와 개발 목표를 달성해 2049년까지 중국에 새로운 종류의 현대성을 부여하고자 한다. 시진핑이 추진하는 길은 중국공산당의 목표인 '국가 부흥' — 2049년까지 강하고 번영하는 현대 중국을 세계 경제와 혁신의 중심으로 되돌리는 것 — 을 위한 토대를 마련할 것이다. 중국의 특별한 경제 모델인 중국 특색의 사회주의를 통해 이 목표를 달성하면 자유시장경제 시스템을 능가하는 시스템을 구축할 수 있을 것이고 중국식 현대화가 역동적이고 혁신적일 수 있음을 증명할 수 있을 것이다. 성공할 경우 중국공산당은 중국을 우월한 경제 시스템으로 자리매김할 수 있다. 그러나 시진핑의 3기 임기 동안 중국이 복잡한 국내외 도전에 직면하면서 경제가 침체기를 맞을 위험도 있다.

1. 경제가 역풍에 직면했지만 정책 우선순위가 의미 있는 변화를 보일 가능성은 낮다

중국과의 경제 관계는 앞으로 엄청나게 달라질 것이다

시진핑 주석은 3기 임기를 시작하면서 중국공산당이 어떻게 국가 목표를 달성해야 하는지에 대한 비전을 명확히 했다. 첫 두 임기 동안 경제 정책은 정치, 이념, 안보 목표를 향해 나아갔다. 하지만 2022년은 시 주석의 정책 우선순위와 그에 따른 상충 관계에 큰 변화를 가져왔다. 시 주석의 이데올로기적 관점이 경제 정책에 스며들어 경제성장에 악영향을 미쳤다. '코로나 제로' 정책으로 장기 봉쇄를 실시한 이후 침체된 경제를 회복하기 위해 중국은 2023년에 이데올로기를 경시하고 '실용주의'를 경제 정책 결정에 다시 도입했다.

이는 정책 방향을 전환한 것이 아니라 어조와 타이밍의 문제이다. 더 부드러운 언어와 덜 이념적인 어조에도 불구하고 2020~2022년에 경제에 대한 당의 지배력을 강화하기 위해 부과된 수많은 규칙과 규제는 폐지되지 않았다. 코로나 이후 회복이 저조한 가운데 투자자와 소비자의 신뢰를 높이기 위해 이러한 규칙과 규제가 단지 일시적으로 뒤로 미루어지고 있는 것일 뿐이다. 외국인 투자자들이 성장 전망 때문뿐만 아니라 중국과 국내의 정치적 역학 관계 때문에도 중국을 경계하게 되자 중국 지도부는외국인 투자자들을 끌어들이기 위해 총력을 기울이고 있다.

중국은 이제 전 세계 국내총생산(GDP)의 약 20%, 전 세계 제조업의 30%를 차지하는 경제대국이 되었다. 시진핑은 더 이상 전임자들을 이끌었던 토대에 얽매이지 않으려고 한다. 과거 지도자들은 경제 발전 기회를 극대화하기 위해 국내 개혁에서 상당한 위험을 감수했다. 여기에는 주룽지가 실시한 국유기업 개혁을 통한 자본과 노동의 대규모 이동이나 덩샤오핑이 추진한 개방 및 세계 경제와의 통합이라는 의제가 포함되었다.

이 '도박'은 성공을 거두었고, 시 주석은 중국을 더 높은 수준의 발전과 글로벌 영향력으로 이끌겠다는 목표를 세우고 있다. 두 번째 100주년 목표(중국 건국 100주년)를 추구하면서, 시진핑 주석은 당의 기본 노선을 경제 발전 중심에서 발전과 안전의 조화로 전환했다. 이는 시장의 자유에 대한 당의 통제를 강조하고 경제 발전보다 위험을 최소화하며 정치적·지정학적 목표를 달성하는 데 더 큰 우선순위를 두는 새로운 방향성을 의미한다.

지난 10년간 중국의 경제 정책은 외부 충격에 견딜 수 있는 경제를 구축하는 것이 시급하다는 특징을 지니고 있었다. 이제 중국의 정책 우선순위는 미중 경쟁에 집착하고 사회 발전에 우선순위를 두지 않는 지정학적 경제에 점점 더 맞춰지고 있다. 성공을 측정하는 핵심 지표는 중국이 미국 경제를 추월할 수 있는지 여부이다. 이는 중국과 미국의 GDP 성장률, 인플레이션, 환율 등 여러 요인에 따라 달라질 수 있다. 이에 따라 다양한 결과가 나올 수 있다(그림 1-1 참

그림 1-1 **세계 최고의 자리를 차기 위한 경제 경쟁**

미국 GDP 대비 중국 GDP의 역사 및 성장 전망

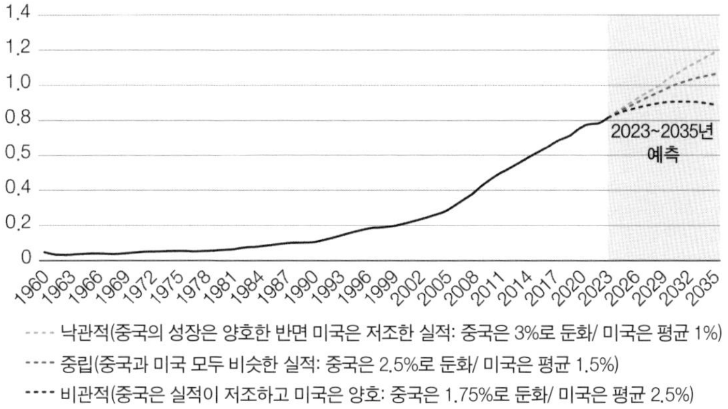

자료: World Bank, MERICS

조). 수년간의 강력한 성장에 이어 중국의 다음 '따라잡기' 단계에서는 성장 둔화가 동반될 것이다. 그러나 성공은 상대적인 측면에서도 측정된다. 중국은 미국과 서방이 쇠퇴하고 있다고 보고 있다. 미국 경제에 대한 상대적 규모에 관계없이 중국은 세계무대로 돌아왔고 여전히 경제대국으로 남을 것이다.

세계화와 중국과의 경제 관계는 앞으로 크게 달라질 것이다. 2024년의 3중 전회는 1978년에 시작된 개방과 개혁 과정 또는 2001년 중국의 WTO 가입에 버금가는 역사적 의미를 지니게 될 것이다. 그러나 중국의 부상은 유럽과 다른 지역에서 주로 기회로 여겨졌지만, 세계 경제를 다시 한번 뒤흔들 수 있는 근본적인 변화가 일어나고 있다. 제3차 전인대는 중국 경제의 변곡점에서 진행 중이며, 몇 가지 주요 요인이 향후 중국 경제의 발전을 결정할 것이다.

- **더 완만하고 변동성이 큰 GDP 성장의 시기:** 중국 경제는 급속한 성장을 이룬 뒤에 피할 수 없는 구조적 둔화를 겪고 있다. 이에 따라 성장 모델에 대한 조정이 필요하다. 코로나19, 높은 부채 수준, 그리고 지정학적 위험 악화에 따라 야기된 외부 및 내부 과제에 대한 중국의 혼란스러운 정책변화 속에서 안정적인 경제 둔화를 유도하는 것은 더욱 어려워졌다.
- **빠르게 증가하는 혁신 역량은 아직 생산성 배당으로 이어지지 않고 있다:** 중국은 고속철도와 같은 전통적인 분야에서부터 인공지능과 같은 신흥 기술에 이르기까지 다양한 기술 분야에서 최첨단 국가로 발돋움하면서 혁신 역량을 강화하는 데 괄목할 만한 진전을 이루었다. 동시에 중국의 총생산성 증가율은 둔화되었다.
- **글로벌 경제에 대한 중국의 중력:** 중국은 성장 둔화에도 불구하고 글로벌 경제 질서에 도전하고 혁신 강국으로 자리매김하며 글로벌 경제 영향력을 확대하고자 하는 경제대국이다.
- **세계화의 정치화:** 지정학적 위험, 그리고 경제 안보를 강화하기 위한 중국과 전 세계의 노력은 국제적인 글로벌 공급망과 혁신에 영향을 미치고 있다.

- **자유시장경제와의 비융합:** 중국은 중국 사회체제의 '완성'이라는 목표에 부합하는 독자적인 발전경로를 모색하고 있다. 중국 공산당의 지도력하에 기술 중심의 경제 민족주의에 중점을 둔 경제 발전의 새로운 이론적 토대가 만들어지고 있다.

2. 이데올로기와 경제 현실의 만남: 시진핑의 기술 중심 경제 민족주의에서 찾은 절충점

앞으로 시 주석의 핵심 과제는 국가 전략적 우선순위를 일자리와 소득을 포함한 경제전망과 조화시키는 것이 될 것이다. 중국은 개혁개방의 시대를 끝내거나 그 이전의 폐쇄적인 마오쩌둥 시대로 돌아가지 않고 있다. 대신, 중국의 내부 개혁과 대외 개방 의제는 새로운 정치적 변수, 인센티브 및 동인을 통해 근본적으로 다른 조건에서 진행되고 있다. 과거에는, 내부 개혁은 개발 기회를 극대화하는 데 중점을 둔 반면, 대외 개방은 자유시장경제를 통해 성장을 가속화하고 수출 기회를 확대하기 위해 상호의존성을 수용하는 데 중점을 두었다.

시진핑하에서의 경제 개혁은 미세조정 통제에 관한 것이다

시 주석하에서는, 내부 개혁은 인구 고령화와 생산성 증가 둔화로 인한 국내의 어려운 시기를 헤쳐 나가기 위해 경제에 대한 미세조정(fine-tuning)을 통제하는 데 중점을 둔다. 대외 개방은 최근 중국이 핵심 기술에 접근하는 것을 제한하기 시작한 자유시장경제와의 상호의존성을 줄이는 것을 목표로 한다. 시진핑은 이러한 문제들에 대한 해답으로 기술을 제시한다. 기술은 감소하는 노동력을 해결하고, 생산성을 높이며, 베이징이 워싱턴의 꼭두각시라고 믿는 미국과 다른 국가들에 대한 의존도를 줄이는 데 사용된다.

현재 기술 중심의 아젠다는 중국을 분명한 궤도에 올려놓았지만 성공을 장담하기는 어렵다. 이데올로기 중심의 야망이 경제 현실과 충돌할 때 시 주석의 지속 가능성은 시험대에 오를 것이다. 예를 들어, 중국은 글로벌 혁신 강국으로 자리매김했지만 총 요소생산성 증가율은 2003~2011년 22%에서 2011~2019년 5%로 둔화되었다.[1] 국가 전략 목표를 국민 복지에 맞추는 것은 긴장을 야기하고 있다. 또 다른 예로, 2022년 11월 경제를 억압하는 코로나 제로 정책에 대한 대중의 반발로 인해 2023년 경제 회복이 부진한 가운데 추가조정이 이루어지면서 급속한 진로 수정이 촉발되었다. 하지만 이는 패러다임이 변화하거나 경제 실용주의로 회귀한 것이 아니다. 만약 시 주석이 자신이 선택한 길을 계속 간다면 그리고 그 전략이 실패한다면 앞으로 더 큰 시험이 있을 수 있다(그림 1-2 참조).

그림 1-2 **시진핑은 중국의 길을 선택했다**

시진핑 주석은 이전 지도자들과 달리 자립 의제를 적극적으로 추진했다

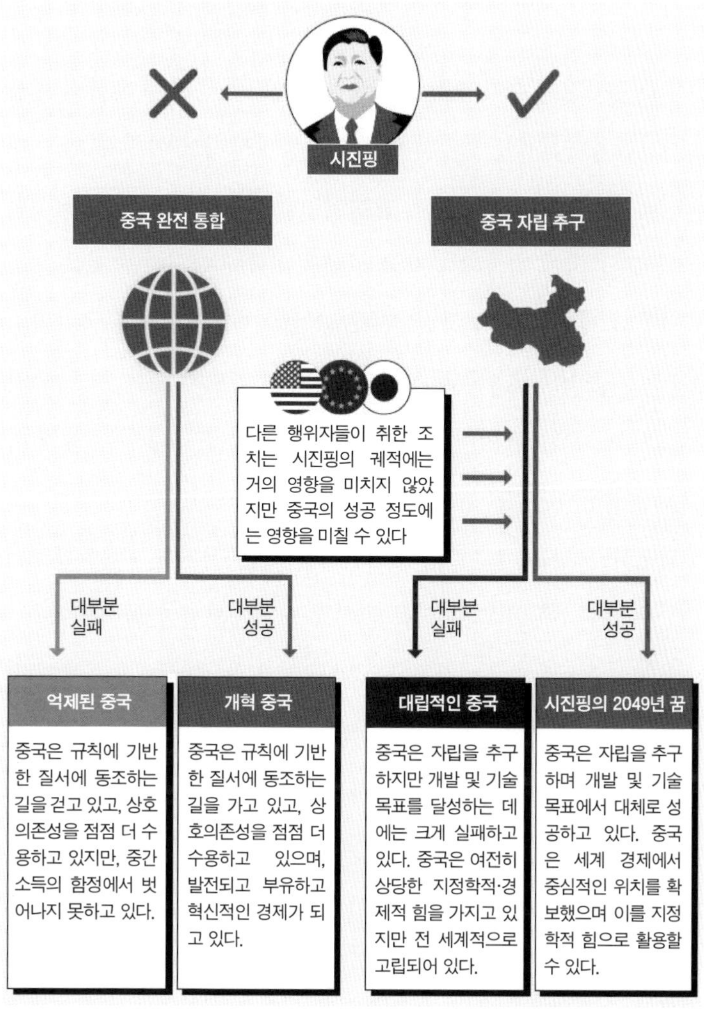

자료: MERICS

3. 시진핑은 중국의 궤도를 선택했지만, 다른 주체들은 대응 방법을 선택하고 있다

각국은 시진핑 주석의 노선에서 벗어나도록 중국에 제한적인 압력을 가할 수 있지만, 중국의 성공 가능성에 영향을 미칠 수 있는 다른 방법도 많다. 다소 과장된 표현이지만, 자유시장경제를 채택한 국가들은 중국에 계속해서 자국 시장과 기술에 접근하는 것을 허용하거나 더 제한할 수 있다. 반면에 중국은 자유시장경제 국가와의 경제적·기술적 상호의존성을 받아들일 수 있으며 또는 더 나아가 자립을 추구할 수도 있다. 문제는 중국이 자립을 향해 한 걸음씩 나아갈 때마다 자유시장경제 국가들은 중국이 자신들의 시장과 기술에 접근하는 것을 제한하는 조치를 취한다는 점이다. 이는 결과적으로 중국을 자립의 길로 더욱 몰아넣는 악순환을 만들어낸다.

따라서 중국과 자유시장경제 국가들은, 모든 주체에게 최악의 결과를 가져올 가능성이 있음에도 불구하고, 경제 및 기술 세계화에 장기적이고 심각한 혼란을 초래하는 길로 나아가고 있다. 모든 국가에게 순수익을 가져다줄 수 있는 해결책은 공통의 규칙과 기준, 그리고 상호의존성을 수용하는 의지를 바탕으로 세계화를 복원하는 것이다. 이는 미국, 유럽연합, 일본이 중국에 의존하는 것만큼이나 중국이 이들 국가에 의존하는 상황에도 적용된다.

그러나 중국이 노선을 바꿔 자급자족 캠페인을 포기할 유인이 없는 이유는, 자유시장경제 국가들이 어차피 중국을 차단할지 모르고, 그러면 중국은 너무 뒤처져 그 국가들을 따라잡을 수 없게 될 수도 있기 때문이다. 자유시장경제 국가들이 중국이 자신들의 시장에 접근하는 것을 허용하지 않는 이유는, 베이징이 자급자족과 성공으로 가는 길을 유지하면서 중국의 지정학적 힘을 발휘하고 세계 경제에서 자유시장경제국들을 '대체'할 수도 있기 때문이다.

세계화를 다시 추진하는 것이 지닌 문제는, 양측 모두에게 최상의 시나리오로부터 얻는 순이익이 최악의 시나리오로부터 입는 순손실보다 적다는 것이다. 이는 국가들로서는 위험한 기회를 추구하기보다 피해를 제한하는 조치를 취할 동기가 더 크다는 것을 의미한다. 게다가 중국과 자유시장경제국 사이의 증가하는 불신 및 중국과 미국 모두의 이전 행동들은 모든 국가를 불리한 상황에 처하게 만들었다.

4. 높은 이해관계: 중국의 경제 발전이 글로벌 질서를 형성하고 있다

또한 중국의 발전은 기술 접근에 달려 있다

시진핑 체제하에서 중국의 정치경제, 시장 개혁, 글로벌 경제 통합은 향후 중국의 경제 발전 경로를 형성할 것이다. 또한 중국의 발전은 선진 국가들이 기술 접근을 어떻게 통제하는가에 크게 좌우될 것이다. 성공과 실패는 중국의 자체 성과에만 좌우되는 것이 아니라 자유시장 민주주의 국가들이 현재 글로벌 질서를 뒤흔드는 구조적 변화에 대응하는 방식에도 좌우된다.

경제적 규모가 크고 기술적으로 유능하며 시스템적으로 융합하지 않는 중국을 상대하려면 중국 발전의 다음 단계에서 일어나는 구조적 변화를 심층적으로 이해해야 한다.

- 시진핑 이데올로기하에서 중국 정치경제의 핵심 구성요소는 무엇인가?
- 어떤 당과 국가의 조치가 경제 주체들을 조종하는 데 사용되는가?
- 중국공산당은 사회경제적 기반을 어떻게 확보하려고 할 것인가?
- 갈수록 권위주의적인 체제하에서 혁신은 어떻게 이루어질 것인가?
- 중국은 어떻게 글로벌 통합을 추구할 것인가?

우리의 기본 시나리오는 시진핑이 권력을 유지하는 한, 중국의 시진핑이 선택한 길을 계속 걸어갈 것이며, 시진핑 전략의 성공 또는 실패에 대한 불확실성이 지속될 것이라는 것이다. 성공을 보장하기 위해 시진핑은 최근 자신이 주창한 '신시대'에 걸맞은 새로운 개발 모델로 자신의 경제사상을 공식화했다. 이 비전은 그의 말대로 "100년 동안 보지 못했던 변화"에 맞서 싸우는 것을 목표로 하며, 경제를 형성하는 일련의 조치와 일치한다. 당과 국가의 이러한 조치들은 시진핑의 사상을 실행 가능하게 만들고 모든 경제 주체가 전략적 목표를 위해 노력하도록 자극하는 것을 목표로 하며, 최종적으로 2049년 꿈을 성공시키고자 한다.

2

시 주석의 정책은 성장을 넘어 전략적 국가 목표에 부합한다

주요 조사 결과

- 시진핑 경제사상은 당과 국가의 역할을 확대하여 경제 주체들이 중국의 전략적 목표를 향해 나아가도록 유도하는 것이다.
- 중국에서는 경제 자유화라는 목표 자체가 사라졌다. 시진핑은 필요할 때 시장의 힘을 도구로 사용하지만, 이는 더 광범위한 당-국가 도구의 일부일 뿐이다.
- 중국 지도부는 중국을 고립시킬 의도가 없다. 이중 순환 전략은 세계 경제에 개방적인 태도를 유지하면서 국내 소비를 늘리고 글로벌 가치 사슬을 상승시키는 등 세계 경제에서 중국의 입지를 바꾸는 것을 목표로 삼는다.
- 중국은 핵심 기술 격차를 줄이기 위해 '새로운 형태의 전(全) 국가체제'를 강조하기 시작했고, 경제 주체들도 점점 더 이 체제에 동참하고 있다.
- 시 주석이 보기에 민간 부문은 국익과 분리되어 금융 부문의 시스템적 위험을 증가시켰고, 이는 정부의 통제를 강화해야만 해결할 수 있는 문제였다.

마오쩌둥 시대 이후 중국은 네 단계의 경제 발전을 경험했으며, 각 세대의 리더십은 정치경제에 대한 각기 다른 접근 방식을 특징으로 내세웠다. 탈근대화(개혁 개방), 자유화, 안정화, 그리고 오늘날 시진핑 체제에서의 안보화 — 안보화는 모든 정치경제 문제를 마치 중국의 안보 문제인 것처럼 평가한다 — 가 그것이다. 글로벌 금융 위기 이후 중국공산당이 자원 배분의 중심 동력으로서의 시장에 대해 가

졌던 신뢰가 크게 약화되었는데, 시 주석은 첫 두 번의 임기 동안 이 점을 활용하여 자신의 경제 이데올로기를 발전시켰다.

시장의 힘에 대한 신뢰는 후진타오 시기에 약화되었고, 시진핑 시기에는 더욱 악화되었다

1980년대에 덩샤오핑이 경제를 급진적인 사회주의 정책에서 벗어나 실용적인 정책으로 전환했음에도 불구하고, 국유기업은 여전히 막강한 지위를 유지했다. 민영기업(POE)은 개인 가내 수공업 수준에서만 허용되었고 실용주의와 시험적인 개혁이 주를 이루었다. 민영기업이 등장하면서 1990년대 장쩌민 시대에는 주룽지 총리의 개혁이 이루어졌다. 주 총리는 "큰 것은 잡고 작은 것은 놓아준다[抓大放小]"는 기치 아래 국유기업 개혁에 역점을 두고 경제를 자유화했다. 레닌이 말한 경제의 '지배적 지위'를 차지한 중요한 기업 수백 개를 국가가 보유했으며, 나머지는 민영화하거나 붕괴를 허용했다.

이후 중국 국유기업은 중국공산당의 전략적 목표를 달성하는 데 주로 사용되었다. 2000년대 후진타오 치하에서는 자유화가 둔화되었고 글로벌 금융 위기의 여파로 후청이는 경제를 안정시키기 위해 국유기업이 긴축했다. 국유기업은 인프라 개발, 고용지원, 사회보장을 제공하고 시장과 무관하게 중국의 산업 기반을 유지했다. 한편, 민영기업은 수익, 일자리 창출, 개발, 혁신을 추구했다. 시장의 힘에 대한 신뢰는 덩샤오핑과 장쩌민 치하에서 성장한 후 후진타오 치하에서는 약화되었는데 시진핑 치하에서 더욱 악화되었다(그림 2-1 참조).

그림 2-1 **시진핑은 지정학적으로 안정된 경제를 구축하는 데 중점을 두고 개혁의 시대에서 벗어나고 있다**

2049년을 바라보는 3기 최고 지도자 시진핑은 확고하게 운전대를 잡고 있다

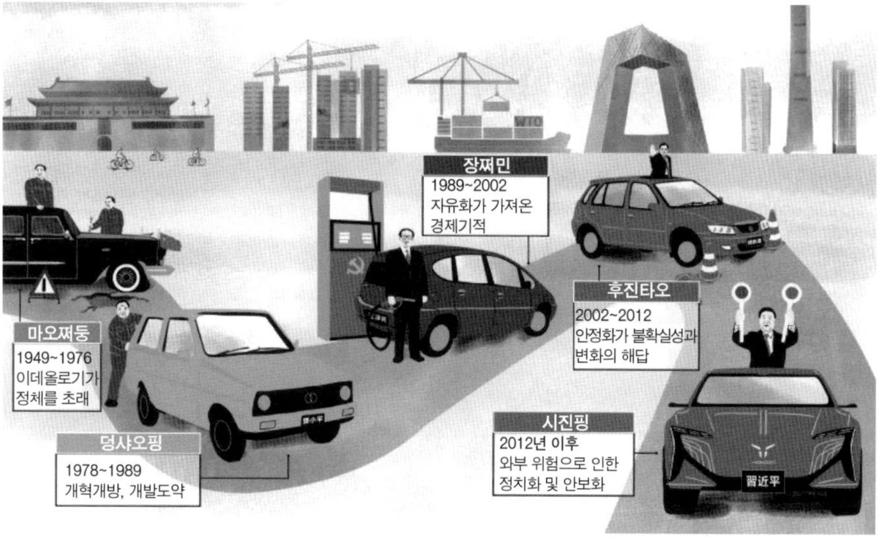

자료: MERICS

1. 시진핑, 개혁 시대에서 벗어나 모든 기업의 전략적 역할을 구상하다

시 주석은 처음에는 국유기업과 민영기업을 구분하는 후진타오의 접근 방식을 이어가길 원했다. 시 주석의 구상은 2013년 제3차 전원회의 결정문에서 국유와 시장 둘 다를 발전의 중심축으로 삼는 것으로 명시된 바 있다. 그러나 2015~2018년에 새로운 명백한 위

험에 직면한 시 주석은 노선을 바꾸고 당내 개혁 성향의 세력에 대해 반격을 가했다. 주요 계기는 다음과 같다.

A. 재정 불안정: 부채 비율이 높은 기업, 부동산 거품 우려, 2015~2016년 금융 시장 혼란 등의 요인은 2016년 레버리지 감소 캠페인을 촉발시켰고, 투기적 투자와 국가 전략 목표에 부합하지 않는 시장을 규제하기 위해 부동산(및 기술) 규제를 강화하는 기반을 마련했다.

B. 해외 의존도: 미국에 대한 의심이 이미 존재하던 상황에서, 2018년부터 미국과의 무역 및 기술 전쟁이 시작되고 미국 대통령 도널드 트럼프가 ZTE 통신 기업에 대한 미국 기술을 차단하겠다고 위협하자 해외 기술에 대한 중국의 신뢰가 사라졌다.

시진핑이 경제를 관리하는 데서 꾸준히 변화해 온 것은 일관된 경제 거버넌스 모델을 구축하거나 적어도 계획하려는 시도로 강조된다. 시진핑의 경제 비전에 대한 그림이 좀 더 명확해지면서(내부적으로 "시진핑 경제 신시대를 위한 사상"으로 홍보된다), 덩샤오핑의 개방과 개혁의 시대는 이제 안보와 통제의 시대로 넘어가는 과도기처럼 보인다.

중국 지도자들에 따르면, 중국은 "일어서서 번영하고 강해지는

[從站起來、富起來到 强起來[1]] 역사적 전환"을 완성하는 길에 있다.[2] 중국의 개혁 과정과 글로벌 통합은 생활수준과 과학기술 역량을 크게 발전시켰다. 그러나 2035년까지 "사회주의 현대화의 새로운 발전 단계에 도달"하기 위해 시진핑의 중국공산당은 이념, 중앙 집중화, 안보화, 당과 국가의 분리 역전 등 수십 년 동안 중국의 발전을 저해했던 정책들에 다시 의지하고 있다.

시 주석은 여전히 기술 전문가가 국가를 발전시키는 최적의 위치에 있다고 믿는다

2017년 19차 당 대회와 이후 개최된 중앙경제공작회의 이후로 시진핑의 경제사상은 중국의 경제 발전을 이끄는 중국공산당의 중심 이념이 되었다. 2012년에 시작된 시 주석의 전 방위적인 반부패 캠페인에서 알 수 있듯이 시 주석 및 시 주석의 의제에 대한 충성심은 항상 가장 중요하게 여겨져 왔다. 그러나 시진핑 사상은 충성심과 이념적 고수를 넘어 능력도 요구한다. 시진핑은 여전히 기술 전문가가 국가 발전에 가장 적합하다고 믿고 있으며 재임 기간 동안 후진타오 시절보다 더 빠른 속도로 STEM(Science, Technology, Engineering, Mathematics, 과학·기술·공학·수학 융합교육) 졸업생을 고위직으로 승진시켰다.[3]

충성도, 이념적 일치, 역량과 같은 일련의 요구 사항이 제20차 당 대회에서 최고 지도부로 승진한 간부들을 선정하는 과정에서 잘 드러났다. 공산주의청년단 등 경쟁 파벌은 소외된 반면 시진핑과 가까운 측근들이 수면 위로 부상했다.[4] 리커창이나 후진타오의 제자 후춘화 등 시진핑의 전략에 반발하는 목소리를 낼 수 있는 사람은 모두 탄압을 받았다. 한편, 2022년 몇 주 동안 상하이를 봉쇄한 '코로나 제로' 이념을 고수한 리창처럼 시진핑 충성파는 줄줄이 승진했다.

베이징에서 경제 자유화라는 목표 자체는 이미 죽었다

시진핑의 경제사상은 중국 경제 체제의 핵심 구성요소를 마련하고 있다. 그의 경제사상은 경제 주체들을 이끄는 국가의 역할과 기업에 대한 기대치를 정의하고 있을 뿐만 아니라, 중국이 전 세계와 교류하는 방식도 정의하고 있다. 중국공산당이 제시하는 목표와 시주석이 이 목표를 달성하기 위한 수단은 더욱 이데올로기적이다. 베이징에서 경제 자유화라는 목표 자체는 이미 죽었다. 경제 자유화는 정치 체제와 양립할 수 없는 것으로 간주된다. 시진핑의 이념적 선택은 경제 자유화라는 쓰레기 더미에서 시장이라는 도구를 꺼내어 특정 목표에만 사용하면서 당-국가가 중심이 되는 새로운 경제 대책을 수립하는 것이다.

중국공산당은 전략적 지침을 통해 시장 메커니즘을 통제하고 국가 전략 목표에 기여할 수 있는 기업과 개인에게 엄격한 복종을 요구함으로써 정치 체제와 유사한 방식으로 경제 체제를 지배하고 있다.

2. 시진핑의 경제 사상은 어떤 분야에서는 지속적이고 다른 분야에서는 단절적이다

시진핑 경제사상의 가장 명확한 기원이 된 것 중 일부는 2020년 8월 중국공산당의 주요 이론지인《치우시(求是)》가 발표한 연설에서 밝혀졌다. 그가 최고 지도자로서 가장 초기에 행한 연설 중 하나인 2015년 11월 23일의 연설은 중국 정치경제에 대한 그의 이념적 관점을 개괄적으로 보여주었다. 이 연설은 정치국 연구 세션에서 시진핑이 생각하는 정치경제의 주요 우선순위를 개괄적으로 설명했다. 「현대 중국 마르크스주의 정치경제학의 경계를 끊임없이 개방한다(不斷開拓當 代中國馬克思主義政治經濟學新境界)」라는 제목의 이 문서는 다음과 같은 여섯 가지 핵심 목표에 초점을 맞추고 있다.[5]

- 첫째, 인민 중심의 발전 철학을 고수한다.

(第一, 堅持以人民爲中心的發展思想)

- 둘째, 새로운 개발 개념을 고수한다.

(第二, 堅持新的發展理念)

- 셋째, 사회주의 기본 경제 체제를 유지하고 개선한다.

(第三, 堅持和完善社會主義基本經濟制度)

- 넷째, 사회주의 기본 분배 시스템을 유지하고 개선한다.

(第四, 堅持和完善社會主義基本分配制度)

• 다섯째, 사회주의 시장경제 개혁의 방향을 고수한다.

(第五, 堅持社會主義市場經濟改革方向)

• 여섯째, 개방의 기본 국가 정책을 고수한다.

(第六, 堅持對外開放基本國策)

시진핑 경제사상의 핵심 신조는 남은 1, 2기 임기 동안 시진핑이 내세운 특유의 슬로건 및 캠페인과 일치했다.

핵심 목표: 사람 중심의 개발 철학을 고수한다

이것이 시진핑의 신시대를 향한 시진핑의 주요 지향점이다. 19차 당 대회에서 시 주석은 중국공산당 사고의 핵심인 '주요 모순'을 '끊임없이 증가하는 인민의 물질적·문화적 요구와 낙후된 사회 생산 사이의 모순'에서 '불균형하고 불충분한 발전과 더 나은 삶에 대한 인민의 끊임없이 증가하는 요구 사이의 모순'으로 바꿨다. 시 주석은 이전의 무조건 개발을 추진하는 방식 대신, '질적 성장 우선'을 개발 방식으로 도입했다.

보조 목표: 질적 성장 우선이라는 새로운 개발 개념을 고수한다

시 주석은 단순히 숫자를 늘리기보다 질적 개발에 집중해야 한다고 자주 강조한다. 즉, 사람 중심의 개발이 필요하다고 강조한다. 하지만 시 주석은 또한 종종 '신발전 개념'은 혁신, 조정, 녹색화, 개방성, 그리고 '공유'가 균형을 이루어야 한다고 강조하기도 한다.

경제 모델: 기본 사회주의 경제 시스템을 유지하고 개선하면서 사회주의 시장경제 개혁을 고수한다

이는 서구에서는 자원 배분에서 시장의 역할을 높이는 것으로 해석되었다. 시 주석은 중국 경제 모델에는 공공과 비공공이라는 두 가지 기둥이 있다고 여러 차례 강조해 왔다. 즉, 중국적 특색을 지닌 사회주의는 국유기업과 강력한 민영기업이 경제의 양대 축이 될 때만 작동한다는 것이다. 국유기업과 민영기업은 "두 가지 흔들리지 않는 것"이라고 일컬어지는데, 이는 이 두 축에 대한 흔들리지 않는 지지를 의미한다.

경제적 분배: 기본적인 사회주의 분배 시스템을 유지하고 개선한다

중국의 기본 사회주의 분배 시스템은 '일에 따른 분배'를 기반으로 하지만, 여러 가지 병렬적인 분배 시스템이 존재한다. 시 주석은 나중에 '공동 번영'을 우선시하는 분배에 주목할 것이다. '공동 번영'이라는 말은 마오쩌둥에게로 거슬러 올라가지만, 이 용어는 덩샤오핑이 했던 유명한 말 "일부가 먼저 부자가 된 다음 나머지를 공동 번영으로 이끌자"에서 유래했다. 시 주석은 중국이 광범위한 재분배로 회귀하지 않을 것임을 재빨리 분명히 했다. 공동 번영은 목표이지만 '복지 보편주의'와 같은 수단을 통해 이루어져서는 안 된다는 것이다.

시진핑 경제사상의 핵심 신조는 남은 1, 2기 임기 동안 시진핑이 내세운 특유의 슬로건 및 캠페인과 조화를 이루었다.

중국의 글로벌 경제 위상: 개방이라는 기본 국가 정책을 고수한다

시 주석은 중국을 고립시킬 의도가 없으며 대신 세계 경제에서 중국의 역할을 키우고자 한다. 그의 대표적인 대외 경제 정책은 육상과 해상을 통해 아시아, 아프리카, 유럽을 연결하는 중국의 주요 인프라 프로젝트인 일대일로 이니셔티브(Belt and Road Initiative: BRI)이다. 이는 세계 경제에서 중국의 입지를 바꾸는 것을 목표로 하는 중국의 이중 순환 전략—내수를 촉진하는 동시에 세계 경제에 대한 개방적인 태도를 유지하는 전략—으로 발전할 것이다. 기술, 투자, 원자재를 유치하여 수출용 중저가 상품을 생산함으로써 성장을 추진하려 했던 덩샤오핑의 구상과 달리, 시 주석은 원자재와 저부가가치 상품은 수입하고 고부가가치 상품, 기술, 해외 투자는 수출하는 것을 목표로 하고 있다.

시 주석은 세계 경제에서 중국의 역할을 키우고자 한다

시진핑 경제사상의 핵심 우선순위 중 일부는 2015년 연설에 포함되지 않았다. 혁신과 기술이 시 주석의 경제 정책 결정에서 훨씬 더 중심적인 역할을 하기 시작했다. 미국과의 무역 전쟁, 특히 중국

그림 2-2 **중국은 성장과 첨단 기술에 대한 의존도를 낮추는 것을 목표로 한다**

국제 순환 전략과 이중 순환 전략 비교

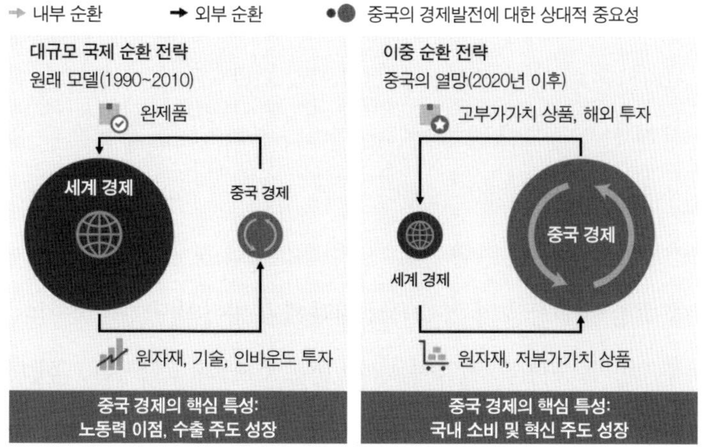

자료: MERICS

기술 기업에 대한 미국의 조치와 최근의 수출 통제가 이러한 모멘텀을 제공했다. 시 주석은 주요 기술 격차를 줄이기 위한 '전 국가적 노력'을 강조하기 시작했다. 소비 주도 성장도 주요 초점이 되고 있다. 소비 주도 성장은 항상 목표였으며, 이중 순환 전략—글로벌 경제에서 중국이 차지하는 위치인 외부 순환과 (수출이 아닌) 국내 소비를 성장의 핵심 동력으로 삼는 내부 순환—의 후반부이기도 하다(그림 2-2 참조).

3. 무역 전쟁과 팬데믹은 시진핑의 경제사상에 뿌리 깊은 자립을 촉발시켰다

시진핑은 첫 두 임기 동안 자신의 권력 기반을 공고히 했지만, 당시 아직 진화 중이던 경제 이념을 얼마나 공격적으로 추진할 수 있는지에 대해서는 한계가 있었다. 첫째, 중국이 해외 시장과 기술에 거의 완전히 접근한 상황이었으므로 대부분의 경제 주체로부터 자립에 대한 급진적인 접근 방식과 관련해 동의를 얻기가 어려웠다. 둘째, 천안문 시위를 진압한 이후 중국공산당의 정당성은 대중의 정치적 침묵을 대가로 경제 개발 이익을 확보하는 데 의존해 왔기 때문에 시 주석은 이념과 상관없이 성장을 강력하게 유지해야 했다. 하지만 두 가지 사건이 이러한 상황을 변화시켰다. 미국과 중국 간 무역 및 기술 전쟁과 팬데믹이 바로 그것이다.

자립은 중국공산당 이념의 오랜 원칙이며, 실제로 모든 공산주의의 원칙이자 더 일반적으로는 권위주의 이념의 원칙이기도 하다. 그러나 이념적으로 보수적인 중국공산당과 중국의 주요 국유기업을 제외하고, 중국의 대부분의 민간 부문, 과학계, 그리고 더 넓은 사회는 자립이라는 아이디어를 지지하지 않았다. 그런데 미중 무역 전쟁과 화웨이, ZTE에 대한 규제로 시작된 기술 전쟁으로 인해 2018년경부터 이러한 인식이 바뀌었다. 민간 기업들은 미국에 의해 기술적으로 목이 졸리는 상황에 직면했다. 이로 인해 수십 년 만

그림 2-3 **시진핑의 목표를 위해 전국을 동원해야 한다는 요구가 급증했다**

출처별 비규범 문서에서 '새로운 유형의 전 국가적 개념'을 언급한 횟수

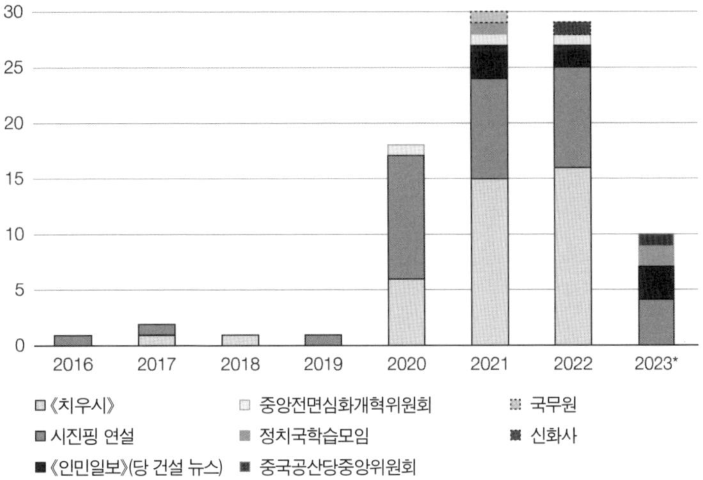

* 2023년 데이터는 이 책 저술 당시 불완전함

자료: MERICS

에 처음으로 기술 격차를 해소하고 자립을 달성하기 위한 범국가적 노력이 필요하다는 주장이 현실화되었다. 이는 시진핑 주석으로 하여금 자신의 경제 이념을 밀어붙일 수 있는 상당한 정치적 공간을 열어주었다(그림 2-3 참조).

팬데믹도 비슷한 결과를 가져왔다. 초기 바이러스 억제에 실패한 중국은 나중에 효과적인 코로나 제로 정책을 시행했고, 이는, 종종 가혹한 성격을 지녔음에도 불구하고, 처음 2년 동안은 효과가 있었다. 다른 국가들과 비교했을 때 중국은 안정적이고 '정상적인

삶'으로 돌아간 것처럼 보였고, 관영 언론은 중국 지도부에 대한 장밋빛 보도와 함께 글로벌 혼란을 보도함으로써 이를 과시했다. 이로 인해 시 주석은 다른 정치적 목표를 추구하기 위해 경제성장의 우선순위를 낮추는 정치적 공간을 확보할 수 있었다. 코로나19가 없었다면 기술 부문, 개인 과외, 또는 부동산 부문에 대한 여러 단속이 일어나지 않았을 것이라는 말은 아니지만, 코로나19 조치에 부여된 명백한 정당성은 이러한 목표를 진전시킬 수 있는 기회를 제공했다.

4. 주식회사 중국에서 주식회사 중국공산당으로의 변환

시진핑 경제사상은 의도적으로 등장한 것이 아니라 국내 경제의 취약점과 미국과의 대립으로 대표되는 외부 환경의 변화에 대응해 진화한 것이다. 중국이 직면한 이러한 어려움은 모두 시진핑의 경제 비전에 힘을 실어주었다. 중국공산당은 정치 체제와 마찬가지로 경제 체제도 점점 더 지배하려고 한다. 중국공산당은 재정 위험을 증대시키는 시장 결정을 억제하기 위해, 그리고 전략적 목표 달성이나 서방에 대한 의존도 저하('de-risk')에 실패한 시장 결정을 억제하기 위해 전략적 지침을 사용한다. 경제 정책은 앞으로 다가올 어려움에 국가를 대비시키기 위해 보다 문제 해결 지향적으로 변모하고 있다. 중국의 현대화 노력에서 당의 지도력을 재정립하고 모든 분야의 안보화를 촉진하는 것은 중요한 과제 중 하나이다.

이로 인해 중국공산당은 민간 부문에까지 손을 뻗을 수 있게 되었는데, 시 주석의 관점에서는 민간 부문이 국익과 동떨어져 재정 부문의 시스템적 위험에 기여해 온 것으로 보였다. 그 결과 중국에서 가장 성공한 유명한 민간 기업들 중 일부가 벽에 부딪혔다.

먼저, 2016년에 레버리지 감소 캠페인을 시작했는데, 이 캠페인은 과도한 부채와 금융 시스템 리스크를 야기한 부동산 및 건설 부문을 중심으로 부채누적이 심각한 기업을 대상으로 했다. 국유기업도 실적 개선을 위해 캠페인 대상이 되었지만, 규제 당국은 2017년부터 급성장한 대기업인 HNA그룹과 안방(安邦)보험그룹을 포함한 민간 기업에 초점을 맞추기 시작했다. 이후 이 기업들은 파산하거나 설립자가 수감되어 사라졌다.[6]

가장 성공한 기업 및 기업가 중 일부는 점점 더 중국공산당이 권력을 장악하는 데서 라이벌로 여겨졌다. 가장 눈에 띄는 사례는 중국 금융당국이 2020년 세계 최대 규모의 IPO(기업공개)였던 앤트파이낸셜의 상장을 중단시킨 것으로, 이것은 창업자 마윈이 국가가 지배하는 은행 시스템에 도전하는 발언을 한 이후 일어난 일이었다.[7] 마윈은 이후 사실상 침묵함으로써 다른 기업가들에게 누가 책임자인지에 대한 신호를 보냈고, 이는 '무질서한 자본 확장' 혐의로 기소된 기술 기업을 광범위하게 단속하는 작업과 결합되어 더욱 큰 파장을 불러일으켰다. 이것이 의미하는 바는, 기업들이 너무 우수한 성과를 거두면서 베이징 정부가 지정한 분야에 대한 투자가 희생될 정도로 자본이 너무 많이 유입되었다는 것이다.

이는 시진핑 주석이 공무원을 대상으로 실시한 첫 번째 반부패 캠페인의 후속 조치로 볼 수 있다. 그러나 이번에는 중국공산당이 민간 부문과 기업가를 표적으로 삼아 당-국가의 이념적·정치적 목표에 부합하도록 강요했다. 이는 국가가 민간 기업을 인수함으로써 명령 경제로 복귀하는 것은 아니지만, 당의 이익을 국가와 민간 부문 모두보다 우선시하는 새로운 모델로, '주식회사 중국'에서 '주식회사 중국공산당'으로의 변환을 진전시키는 계기가 될 것이다.[8]

5. 모든 경제 주체는 전략적 목표를 추진해야 한다

시진핑의 당 지위 상승은 중국의 정치경제에서 놀라운 변화이다

시진핑의 경제 비전은 수년에 걸쳐 확장되었다. 그의 당 지위 상승은 중국의 정치경제에서 놀라운 변화이기도 하다. 한때 후진타오는 핵심 산업에서 벗어난 국유기업을 제어하려고 시도했지만 기득권 때문에 실패했다. 인민해방군도 시진핑 이전에는 민간 부문에 대한 광범위한 투자로 악명이 높았다. 시진핑은 이데올로기를 활용하여 국유기업을 통제하고 중국인민해방군이 철수하도록 유도했을 뿐만 아니라 민간 기업에 대한 중국공산당의 통제력을 확대했다.

시진핑의 임기는 후진타오의 두 기둥 경제 모델 — 민영기업은 성장과 혁신을, 국유기업은 안정과 개입을 담당하는 모델 — 을 명확하게 지속하는 것으로 시작되었다. 당이 경제에 참여하는 정도는 크게 두 가지 요인에 따라 달라진다.

첫째, 특정 기업이 지닌 전략적 연관성이다. 이러한 기업으로는 전략적으로 가장 중요한 기업 — 즉, 자유시장경제와 관련하여 중국의 기술적 부족을 극복하는 데 도움이 되는 '기술 격차 해소 기업' — 에서부터, 전략적으로 중요하긴 하지만 다소 덜 중요한 '고부가가치 개발 동력' — 중국이 글로벌 가치 사슬을 오르는 데 도움이 되는 새로운 성장 분야인 — 에 이르기까지 광범위하다. 그리고 여전히 중요하긴 하지만 전략적으로 가장 관련성이 낮은 '경제적 기준선 보유자' — 즉, 고용 유지, 물류 및 기존 인프라 관리와 같은 역할을 수행하는 기업, 심지어 베이징이 적대감을 보이는 분야에서도 역할을 수행하는 기업 — 도 포함된다.

둘째, 높은 수준에서 낮은 수준으로 작동하는 당국의 통제/지도 정도이다. 이는 중국공산당이 혁신을 추진하거나 국내외에서 독점적인 국가 챔피언을 공고히 하고 발전시키기 위해 통제를 강화해야 하는 분야와, 방대한 양의 소비자 데이터를 처리하는 디지털 챔피언 또는 게임 산업과 개인 과외처럼 중국공산당이 정치적 이유로 억압하거나 더 큰 통제력을 갖고자 하는 분야에 반영되어 있다(그림

그림 2-4 **시진핑의 비전: 모든 기업에 역할을 주고 모든 기업은 그 역할을 수행한다**

각 기업의 역량에 따라 역할이 할당되고, 당국은 통제와 채찍, 당근을 통해 기업들을 일사불란하게 움직이게 할 것이다

		전략적 관련성		
		경제적 기준선 보유자	고부가가치 개발 동력	기술 격차 해소
당-국가 지시 통제 정도	높음	신뢰할 수 없는 자	새로운 지배적 영역	필수 요소
		완전히 제거할 수는 없지만 사회적 위험은 광범위한 통제를 필요로 함 사례 : 소비자 인터넷, 텐센트 게임, 과외/교육 학원	주식회사 중국의 글로벌 진출을 주도하고 촉진하는 주요 국유기업 사례: 고속철도, 원자력, 항공우주산업, 우주, 해운, 조선 분야	중국이 자립을 요구하고 국가 차원의 노력을 기울이고 있는 기술 사례: SMIC 반도체, 기린 같은 OS, 산업 및 소비자 소프트웨어, 알리바바 칩 개발, 하이센스 AI
	중간	오래된 지배적 영역	소비승수	국내 유명 보석
		중요한 경제적 안정성과 밸러스트를 제공하지만, 시장을 전적으로 신뢰하기에는 너무 중요 사례: 부동산, 운송, 화물 철도	국내 소비를 촉진하고 도시 소비자와 농촌 생산자를 연결하는 데 도움을 줌 사례: 디지털 플랫폼 및 서비스, 알리바바 클라우드, 알리익스프레스, 농촌 타오바오와 같은 이커머스	보호와 지원이 필요한 주요 글로벌 경쟁사 사례: AI[알리바바 시티 브레인, 알리 OS; 앤트 그룹(AI)] 화웨이 하모니 OS, 텐센트
	낮음	막다른 골목의 고용주	가치 사슬 상승 기업	알려진 외국 보서과 알려지지 않은 국내 보석
		일자리를 제공하지만 다른 곳에서는 가치가 거의 없는 경우 사례: 저가치 소비재, 소매, 소비자 서비스, 지역 국유기업	더 높은 가치의 소비와 수출에 기여하는 비민감 상품/기술 사례: 고부가가치 소비재, 샤오미, ANTA, 지리자동차 등 성장하는 소비자 브랜드	중국을 떠날 수 있는 또는 중국공산당의 레이더망을 피할 수 있는 (외국) 핵심 기술 제공업체 사례: 엑슨 모빌, 바스프, 테슬라

자료: MERICS

2-4 참조).

국유기업이 특정한 역할을 맡고 민영기업은 다른 역할을 맡는 분업에서 소유 유형이 아닌 개별 행위자에 대한 전략적 관련성과

통제 정도를 기준으로 하는 분업으로 전환함에 따라 시 주석의 새로운 경제 모델에서 기업이 차지할 수 있는 틈새 역할이 많이 생겨나고 있다.

이러한 변화를 자세히 보여주는 일련의 사례 연구가 이 책 곳곳에 언급되어 있다. 그러나 기업이 수행해야 할 다양한 전략적 역할을 가장 명확하게 보여주는 사례는, 다음 사례 연구에 설명된 것처럼, 알리바바를 6개 사업 부문으로 분할한 계획이다.

사례 연구

알리바바, 국가 전략 목표에 부응하여 스스로 해체하다

야코프 군터

중국의 소매 및 전자상거래 대기업 알리바바는 오랫동안 광범위한 성장과 혁신을 주도해 온 핵심 민간 기업이었지만, 중국은 최근 몇 년 동안 이 회사와 창업자 마윈에 대해 비판적인 시각을 취하고 있었다. 디지털 금융과 같은 특정 사업 분야는 '무질서한 자본 확장'에 반대하는 당국의 캠페인에 따라 사회경제적 안정에 위험하다고 여겨졌고, '공동 번영'이라는 기치 아래 다른 사회경제적 목표와 '반독점' 규칙도 알리바바에 영향을 미쳤다.

한편, 이 거대 기술 기업은 중국의 기술 자립 캠페인에서 더 많은 역할을 요구받고 있으며, 소비자가 요구하는 사업 분야뿐만 아니라 중국의 전략적 병목 현상을 보이는 사업 분야에서도 혁신적인 잠재력을 발휘할 것으로 기대되고 있다.

그런 의미에서 알리바바가 사업 분야가 다른 6개 법인으로 분할하기로 한 결정은 민간 기업이 중국의 전략적 목표에 부합하도록 강요당한 대표적인 사례이다.

직접 통제와 규제 및 정치적 수단으로 알리바바에 여러 차례 타격을 가하다

- IPO 차단: 2020년 11월, 중국은 갑자기 알리바바의 앤트파이낸셜의 IPO(역사상 최대 규모로 예정되어 있던)를 차단했다.[9]
- 규제 단속: 며칠 후, 중국 국가시장감독관리총국(SAMR)은 2021년 2월에 확정된 반독점 규정을 발표하고 의견을 수렴했다. 이 조치는 특히 인터넷 플랫폼 산업을 대상으로 삼았다. 알리바바의 주가는 2020년 10월 30일 주당 261유로로 최고치를 기록한 이후 아직 회복되지 않고 있다(이 수치는 2021년 말 198유로, 2022년 말 99유로를 크게 넘어선 것이다).[10]
- 황금 주식: 중국 당-국가는 국유 투자 기관을 통해 알리바바의 두 계열사에 특별 의결권이 있는 1%의 지분을 확보했다. 저장성 미디어 그룹은 알리바바의 유쿠 영화 및 TV 사업부 지분 1%를, 중국 사이버공간관리국 산하 법인은 알리바바의 광저우 루자오 지분 1%를 확보했다.[11]
- 공동 번영: 알리바바는 2021년 9월에 공동 번영 펀드를 조성하여 2025년까지 155억 달러 규모로 조성할 계획이다. 이 기금은 중소기업 지원, 긱(Gig) 경제 근로자(기업의 필요에 따라 계약직 또는 임시직으로 단기 고용되는 근로자_옮긴이)를 위한 보험 강화, 농촌 개

발 촉진에 사용될 계획이다.[12]

• 기술 자립: 알리바바는 전통적으로 반도체 가치 사슬의 설계 부문에 R&D 및 R&D 협력을 집중했지만, 최근에는 가치 사슬의 다른 부문에서 기술 격차를 해소하기 위한 투자를 확대하고 있다.

알리바바는 베이징의 목표에 따라 스스로를 재편하고 있다

알리바바는 데이터 및 반독점과 관련된 규제 단속에 전적으로 부합할 뿐만 아니라 클라우드 솔루션 및 AI 개발과 같이 이미 개발 중인 기술, 그리고 광범위한 반도체 가치 사슬과 같이 중국이 필요로 하는 기타 기술 측면에서 중국이 내세우는 자립 목표와도 완전히 부합한다.

실제로 알리바바는 당국의 목표에 순순히 따랐기 때문에 창업자 마윈은 회사와 공적 생활에서 대부분 물러났고, 회사는 6개의 다른 법인, 즉 중국 기반 이커머스, 글로벌 이커머스, 물류, 클라우드 컴퓨팅, 디지털 매핑 및 음식 배달, 미디어 및 엔터테인먼트로 나뉘었다. 명시된 목표는 각기 다른 CEO가 이들 자회사를 독립적으로 운영함으로써 이들 자회사가 변화하는 환경에 유연하게 대응할 수 있도록 하고, 특히 적절한 시기에 각 법인이 기업공개를 쉽게 추진할 수 있도록 하는 것이다.

이러한 목표가 아니더라도 회사를 분할하면 보다 차별화된 정치적 방향성을 가질 수 있다. 예를 들어, 미디어 및 엔터테인먼트 법인은 다른 사업 부문에 피해를 주지 않으면서 정치적으로 옳은 방향으로 천천히 움직여야 할 것이고, 중국과 글로벌 이커머스를 분리하면 다양한 데이터 체제를 더 쉽게 준수할 수 있을 것이며, 클라우드 컴퓨팅을 분리하는 것 그리고 반도체 가치 사슬의 많은 부분과 AI 및 양자 컴퓨팅을 혁신하는 것은 다른 사업 부문의 민감성에 얽매이지 않고 중국의 기술 및 혁신 목표에 기여할 수 있을 것이다.

3

당-국가의 새로운 정책 툴킷은 기업들을 비슷한 수준으로 만들고 있다

주요 조사 결과

- 시 주석은 이전의 개혁을 철회하는 데서가 아니라 경제 주체들이 헤쳐 나가야 할 생태계를 형성하는 데서 당-국가에 더 강력한 역할을 부여하고 있다.
- 국유기업은 국가 목표를 추진하고 민영기업은 성장을 주도하는 기존 모델에서 벗어나, 시 주석은 소유권에 대해 양가적인 태도를 보인다. 대신 기업의 전략적 목표와의 관련성에 따라 다양한 목표를 가지고 있다.
- 중국은 전략적 목표에 부합하지 않는 경제 주체들을 재편하기 위해, 또는 전략적 목표에 부합하는 기업들을 직접 지원하기 위해 정책, 규제, 비공식적 수단으로 구성된 도구를 활용하고 있다. 소유권/거버넌스, 당근과 채찍이 핵심 도구이다.
- 중국 정부는 민간 기업이 중국의 새로운 개발 의제의 핵심 요소인 신흥 기술을 혁신하고 상업화하는 데서 국유기업에 부족한 역동성과 창의성을 가지고 있지만 때로는 '올바른' 기술을 개발하기 위해 조종이 필요하다는 점을 잘 알고 있다.

표면적으로는 시장 개혁 과정이 가속화되지는 않더라도 진전되고 있는 것처럼 보일 수 있다. 시진핑은 '시장의 결정적인 역할'을 수사적으로 지지하며, 그와 그의 간부들은 민간 기업이 "세수의 50%, GDP의 60%, 혁신의 70%, 도시 고용의 80%"를 제공한다는 말을 자주 되풀이하고 있다.[1] 주요 부문에서 민간 기업이 차지하는 비중 및 상위 100대 기업에서 민간 기업이 차지하는 비중은 꾸준히

증가해 왔다.[2]

걸으로 보기에는 시장 개혁 과정이 진전되고 있는 것처럼 보일 수 있다

중국의 금융 시장도 더욱 정교해졌다. 민간 기업은 어디에나 존재하며, 금융 시장은 이러한 혁신의 요구에 부응하도록 조정되었다. 중국의 급성장하는 기업들은 지난 15년 동안 국유 은행 시스템으로부터 서비스를 적절하게 제공받지 못했는데 이들 기업에게 자금을 제공하기 위해 차이넥스트(ChiNext)(2009), 스타마켓(STAR Market)(2019), 베이징 증권시장(2021) 등의 증권거래소가 출범했다. 또한 외국인을 위한 새로운 투자 채널 — 예를 들어 홍콩, 상하이, 선전 등 중국 자본 시장에 참여할 수 있는 주식 연결 메커니즘 같은 — 과 함께 벤처 캐피털도 성장했다.[3]

오늘날 이러한 시장 개혁이 후퇴하고 있지는 않지만 경제 활동을 결정하는 기능과 범위는 훨씬 더 제한적이 되었다. 가격 조정 메커니즘으로서의 가격은, 관리되는 환율과 유사하게, 정부가 편안하게 생각하는 하한선과 상한선 내에서 변동하고 있다. 갑작스럽고 급격한 변화로 인해 시장을 '바로잡기 위한' 정책적 대응이 점점 더 많아지고 있다. 점점 더 커지는 환율 하락으로 인한 자본 유출 압력에 직면한 중국인민은행(PBOC)은 시장을 '지원'하기 위해 불투명한 '역순환 요인' — 중앙은행이 일일 위안화 시세를 조정하는 것 — 을 도입했다.[4] 또 다른 눈에 띄는 예는 2015년 주식시장 폭락 당시 정부가 강력하게 개입한 것과 2021년 원자재 가격 관리를 위해 정부가 개입한 것이다.[5] 개입 수준이 높아지면서 가격은 경제를 규제하는 수단

으로서의 의미를 잃어가고 있다. 점점 더 중국공산당이 공급, 생산, 투자 수준을 결정하는 결정적인 요인이 되고 있다.

1. 시진핑은 초기 개혁을 완화하지 않고 중국공산당에 더 강력한 역할을 부여하고 있다

민간 기업이 전략적으로 중요한 부문에 진출하면서 중국공산당은 지대를 추구하는 기업가들이 당의 이익에 봉사하도록 강제하기 위해 새로운 징계 시스템과 인센티브 구조를 개발해야 했다. 이는 부분적으로는 이전에는 규제가 거의 없던 분야에 규제를 개입함으로써 이루어졌다. 민간 기업에 대한 정치적·운영적 통제를 강화하기 위해 규제 조치는 경영진의 당 소속을 강화하는 작업을 통해 그리고 국가가 통제하는 금융시스템을 활용한 전통적인 경제 지도 도구를 통해 보완되었다. 경제 구조가 변화함에 따라 당-국가 체제는 야심 찬 국가 우선 과제를 달성하기 위해 점점 더 민간 부문에 의존하면서 정책 툴킷을 보완해 왔다.

중국은 전략적 목표에 부합하지 않는 경제 주체들을 재편한다

알리바바의 사례에서 알 수 있듯이, 중국은 전략적 목표에 부합하지 않는 경제 주체들을 재편하기 위해, 또는 일반적으로 동참하고 있는 기업들에 대한 지원과 지침을 직접 전달하기 위해 점점 더 많은 정책, 규제, 비공식적 수단을 사용하고 있다. 이러한 새로운 도구는 크게 세 가지 범주로 나뉜다. 소유권/거버넌스, 채찍, 당근이다. 이러한 도구는 여기서는 간략하게 논의하지만 이 책의 마지막에 실린 사례 연구에는 자세히 설명해 놓았다.

소유권/거버넌스

- 직접 소유권
- 혼합 소유권/역혼합 소유권
- 황금주
- 의사 결정에서의 당사자의 역할
- 시장 접근 제한
- 수직적으로 통합된 가치 사슬
- 투자/매각 촉진

소유권/거버넌스 도구를 통해 중국은 경제 주체들의 의사 결정 과정에 직접적인 영향력을 행사한다. 이러한 소유권/거버넌스 중 일부는 중앙 또는 지방의 국유기업에 대한 직접 소유권을 갖는 것과 같은 전통적인 수단을 통해 이루어진다. 또는 역사적으로 외국 민간 기업이 현지 파트너와 합작법인(Joint Venture: JV)을 만들도록 강제하는 (종종 국유) 시장 접근 제한을 통하여 당-국가가 결정을 내릴 수 있는 채널을 만든다.

다른 소유권/거버넌스는 여러 가지 방식으로 국유기업과 민간 기업을 하나로 묶는 혼합 소유권 개혁의 노력과 같은, 또는 특정 기업에 대한 황금주 적용으로 당국이 일정한 거부권을 갖도록 하는 것과 같은 최근의 노력의 결과이다. 마지막으로, 당-국가는 또 다른 독특한 개입 수단을 보유하고 있는데, 예를 들면 이사회 구성원의 당 역할, [문제가 있는 부동산 대기업 에버그란데와 같은 기업의 독성 자산을 제거하기 위해 또는 기술 대기업 화웨이가 아너(Honor) 스마트폰 브랜드를 통해 했던 것처럼 빠른 판매를 통해 자금을 조달하기 위해] 투자나 매각을 촉진하는 능력, 또는 국유자산감독관리위원회(SASAC)가 특정 가치 사슬에 있는 여러 국유기업의 소유권을 사용하여 조치를 조정하는 능력과 같은 수단을 들 수 있다.

채찍

- 규제 방향
- '단속' 및 '수정'
- IPO 차단
- 공동 번영 요구
- '국가대표팀'에 할당

중국의 무기고에 있는 채찍은 중국의 목표에 포함되지 않은 것으로부터 무질서한 행위자를 몰아낼 수 있는 수단을 제공한다. 이는 합법적인 규정 준수를 유도하는 전통적인 규제 방향(새로운 사이버 및 데이터 법률 체제와 같은)을 통해 이루어질 수도 있고, '단속'과 '시정 캠페인'을 통한 정치적 신호 수단(다른 산업에 메시지를 보내기 위해 1차 사이버 및 데이터 규칙 집행에 인터넷 플랫폼 분야를 선택한 것과 같은)을 통해 이루어질 수도 있다. 여기에는 계획된 IPO를 시 주석의 정치적 지시에 따라 취소하는 등의 조치도 포함될 수 있다. 어떤 채찍은 공격적이거나 피해를 주는 것처럼 보이는 것이 아니라 속죄의 수단인데, 수십억 달러를 공동 번영 기금에 투입하여 공동 번영을 포용하거나 전략적 기술 격차를 줄이기 위해 '국가대표팀'에 합류하는 것과 같은 방법이 여기에 해당한다.

당근

- 직접 보조금/세금 감면
- 정책 은행
- 저렴한 대출
- 유리한 주식 상장
- 암묵적 보증
- 국가 지도 기금
- 리틀 자이언트 지위
- 첨단 및 신기술 기업 지위
- 고객 기반 확보
- R&D 지원

• 자국 시장 보호

당근은 중국이 이미 국가 목표에 부합하는 경제 주체들을 직접 지원함으로써 그들의 성공을 촉진하는 방법이다. 여기에는 전통적인 국가 보조금, 세금 감면, 국영 상업 은행 및 정책 은행의 저리 대출, 국유기업에 대한 암묵적 보증, 해외 경쟁으로부터의 보호 등 다양한 전통적인 국가 지원 수단이 포함된다. 그러나 최근 몇 년 동안 기술 격차 해소와 관련된 전략적 목표를 달성하는 데 도움이 되는 새로운 지원 메커니즘, 특히 기술 및 중소기업 전용 시장에서의 유리한 주식 상장, 국가 지도 자금, 리틀 자이언트(중요한 개발 분야의 소규모 기업) 또는 첨단 및 신기술 기업 지위, 공공 조달을 통한 또는 국유기업 고객의 지원을 통한 고객 기반 확보, 중국의 혁신 체인 전략을 통한 광범위한 R&D 지원 등이 등장하고 있다.

2. 민간 기업의 역할 확대

경제 정책은 하이테크 중소기업에 점점 더 초점을 맞추고 있다

경제 정책은 기술 병목 현상, 경제적 자립 같은 핵심 문제를 해결하기 위한 핵심 주체로 민간 기업, 특히 하이테크 중소기업에 점점 더 초점을 맞추고 있다(그림 3-1 참조).

기술 부문은 해외 경쟁으로부터 자신을 보호하는 '성벽으로 둘러

그림 3-1 **시진핑 체제하의 투자에서는 민간 부문의 역할이 감소했다**

총 고정자산 투자에서 민간 소유 기업이 차지하는 비중(단위: %)

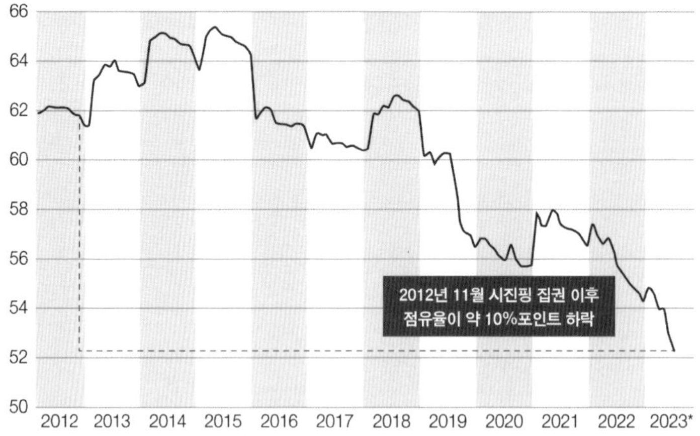

* 2023년 7월은 전년 동기 대비 수치임
자료: NBS

싸인 정원'의 혜택을 누려왔다. 이제 이들이 전략적으로 중요한 기업으로 성장하자 중국공산당은 통제력을 강화하기 시작했다. 정책에서 민간 기업이 차지하는 중요성이 커지면서 핵심 목표에 집중하도록 당-국가의 지침이 강화되고 있다(그림 3-2 참조). 저명한 간부들은 민간 기업에 "지속적으로 S&T 혁신 노력을 강화하고 …… 병목 기술 문제를 해결하는 힘이 되기 위해 노력할 것"을 촉구한다.[6] 정부는 민간 기업이 중국의 새로운 발전 의제의 핵심 요소인 신흥 기술을 혁신하고 상업화하는 데서 국유기업에 부족한 역동성과 창

그림 3-2 **제조업에 대한 민간 부문의 투자가 강세를 보이고 있다**

부문별 민간 고정자산 투자 성장률(전년 동기 대비)(단위: %)

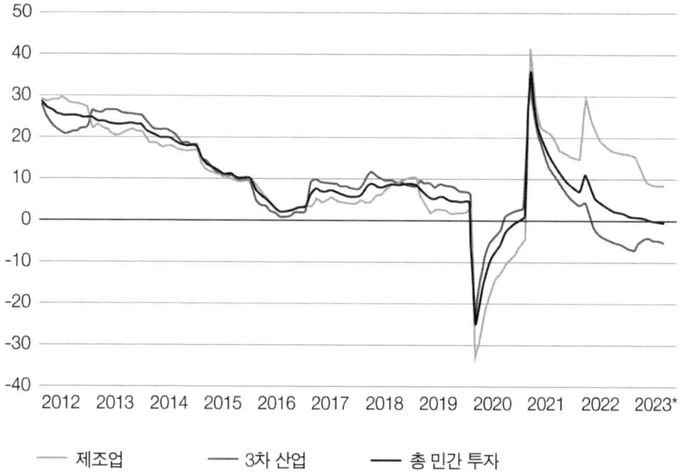

* 2023년 7월은 전년 동기 대비 수치임
자료: NBS

의성을 가지고 있다는 점을 잘 알고 있다.

민간 기업에 대한 지도력을 확대하는 데에는 새로운 당근과 채찍이 수반된다. 민간 기업이 당국의 지침을 따르면 직간접적인 정책 지원과 개선된 자금 조달 옵션의 혜택을 받을 수 있다. 2019년 중국 인민정치협상회의와 국무원이 발표한 최고 수준의 정책은 비즈니스 환경을 개선하고 민간 기업이 국가 목표를 위해 혁신을 활용할 수 있도록 자금 조달 옵션을 제공하는 것이다.[7] 또한 당은 민간 부문이 국가 우선순위를 이행하고 "항상 당의 말을 경청하고 따를 것"에

대한 더 큰 기대를 가지고 있다.[8]

그렇다고 해서 모든 기업이 당-국가의 엄격한 통제를 받는다는 의미는 아니다. 대부분의 민간 기업은 중국이 전략적으로 중요하다고 간주하는 분야에 속하지 않는다. 중국의 녹색 전환에 매우 중요하고 중국 기업이 최첨단 기술을 보유한 중요한 성장 분야인 신에너지 자동차(NEV) 부문 같은 일부 중요한 산업에서도 당-국가는 민영기업에게 상당한 공간을 내어주었다.

중국정부는 NEV 제조업체에 대해 놀랍도록 느슨한 규제 방식을 채택하면서 동시에 수요를 끌어올리기 위해 이 부문에 막대한 국가 지원금을 투입하고 있다. 이는 마치 경쟁자들이 뿌리를 내릴 수 있도록 넓은 들판을 제공하고 모든 이에게 풍부한 비료를 공급하는 것과도 같다. 일부 NEV 제조업체가 상업적으로 실행 가능한 것으로 드러나자 중국은 표준을 강화하고 국가 지원을 차단하기 시작했다. 이는 결국 가장 약한 플레이어가 현장에서 퇴장하도록 유도했고 남은 공간은 중국에서 가장 유망한 NEV 브랜드에게 자리를 내주었다.

적어도 2013년 3중 전회 이후 중국 지도부는 경제 정책을 최적화해 왔다. 중국 지도부는 보다 효율적인 경제 시스템을 구축하기 위해 (부분적으로 시장의 힘에 의해 주도되는) 경제 정책을 최적화하고 있다. 시 주석은 성장과 전반적인 발전을 목적으로 시장 효율성 측면에서 경제 자원을 배분하는 데 있어서는 경쟁 환경이 우월하다는 것을 인정한다. 그러나 시장 관점에서 볼 때에는 투자가 효율적이지 않지만 지도부가 중국이 글로벌 규모의 기술 경쟁력을 갖출 것을 시급히 요구하는 분야에서는, 당-국가의 개입이 필수적이다. 중국공산당의 입장에서는 이것이 모순으로 보이지 않는다.

시진핑 시대에 중국의 고정자산 투자에서 민간 기업이 차지하는 비중은 거의 10%포인트나 감소했다. 이러한 주목할 만한 변화에도 불구하고 중국은 모든 기업이 '실물 경제'에 투자함으로써 당의 통치를 따르는 명령 경제가 아니다. 따라서 민간 기업의 투자 부진은 주로 서비스업과 부동산 둔화에 기인한 것으로, 제조업 투자는 두 자릿수 성장률을 기록하고 있다.

그러나 민간 부문은 여전히 중국공산당의 영향력이 확대되는 것을 상당히 꺼려하고 있으므로 중국공산당은 통제와 지도를 위한 새로운 도구를 개발해야 한다. 민간 기업은 자신들보다 훨씬 더 자본주의적인 시스템에서 가진 것과 비슷한 기회를 계속 가지고 있다. 그러나 민간 기업과 금융 시장의 운영 방식을 포함한 시장 메커니즘은 중국공산당으로부터, 지배적이지는 않더라도, 점점 더 많은 영향을 받고 있다. 결국 중국공산당은 당의 통제와 시장 메커니즘을 강제적으로 결합하는 경제 규칙 시스템을 마련하기 위해 노력하고 있다.

4

중국은 모든 수단을 동원해 기술 자립을 추진한다

주요 조사 결과

- 지정학적으로 집중된 경제에서 기술 자립을 하는 것은 시진핑 주석의 경제 의제에서 가장 중요한 목표이기도 하다.
- 국가 전체의 접근 방식은 기술 격차를 좁히는 것, 그리고 시 주석이 중국의 발목을 잡는 것을 목표로 한다고 믿는 외국 행위자들에 대한 의존도를 낮추는 것을 목표로 한다.
- 당-국가는 혁신 사슬을 장악하여 각 주체들이 기술 효과성과 시장 효율성을 확보하도록 안내하고 지원하는 동시에 기초 연구부터 상업화에 이르기까지 모든 것을 중앙 집중화하고 간소화할 계획이다.
- 중국은 효율성을 희생하더라도 가능한 경우 토착 솔루션을 장려할 것이며, 중국의 기술 격차가 가장 큰 분야에서는 해외 투자자를 환영할 것이다. 쉽게 표적이 되는 수입품에 의존하는 것보다 안전한 역내 외국 기술 제공자를 확보하는 것이 더 낫기 때문이다.
- 중국은 원자재 분야에서 우위를 점하고 있으며, 국제 기술 경쟁에서 비장의 카드로 사용할 수 있는 파괴적인 기술을 찾고 있다.

시진핑 주석이 지정학적으로 집중하는 정치경제는 중국에서 혁신을 추구하는 방식과 중국이 혁신 배당금을 실현하는 방식에서 잘 드러난다. 중국이 기술 강국으로 발돋움하는 과정에서 이룬 괄목할 만한 성과를 고려할 때, 일반적으로 혁신에 따른 수익이 본격화되면 총 요소생산성이 상승할 것이라고 기대하게 된다. 하지만 총 요소생산성은 오히려 하락하는 추세를 보이고 있어 그 배당금이 어디로 갔는지 의문이 제기된다.[1] 그 배당금의 대부분은 생산성을 위한 것이 아니라 시 주석의 기술 자립 목표를 달성하기 위한 것으로 흘러들어갔다. 이는, 중국이 기술 효율성 측면에서 대부분의 기술을 따라잡고는 있지만, 과거에 중국 기업이 외국 기술을 습득하여 수익을 극대화하고 생산성 성장을 가져올 수 있는 외국 기술에 대해 광범위한 접근을 누려왔기 때문이다. 하지만 시진핑 주석은 많은 핵심 분야에서 기업이 직접 비용을 들여 기술을 개발하는 것이 더 중요하다는 방침을 세웠다. 중국이 자국의 비교 우위에 집중하고 자신이 뒤처진 분야에서 다른 나라에 대한 상호의존성을 인정했더라면 혁신 배당이 생산성 향상으로 이어졌을 가능성이 높지만, 중국은 기술 격차를 줄이는 데만 집중했다(그림 4-1 참조).

이제 기술 자립의 우선순위는 확고히 자리 잡았다. 현재 미국 및 동맹국과의 대결에 직면한 시 주석은 2020년 중앙경제공작회의에서 중국이 기술 격차를 해소하고 중국을 봉쇄하려는 의도를 가진 외국 행위자들에게 의존하지 않을 것을 촉구했다.[2]

이제 기술 자립의 우선순위는 확고히 자리 잡았다

이러한 노력하에 몇 가지 분명한 패턴이 국가 전략에서 나타났다. 첫째, 가능한 한 많은 전략 기술 분야에서 격차를 좁히는 것이다. 둘째, 중국이 효과적인 경쟁력을 확보한 분야에서 외국 기업으로부터 시장 점유율을 보호하고 토종 기업이 시장 효율성을 달성할 수 있도록 하는 것이다. 셋째, 중국이 여전히 뒤처져 있는 전략 기술 분야에서 가능한 경우 외국인 투자를 유치하고 필요한 경우 해외에

그림 4-1 **기술 발전에도 불구하고 중국의 생산성 성장은 정체되고 있다**

불변 국내 가격 기준 총 요소생산성 지수(2017년=1)

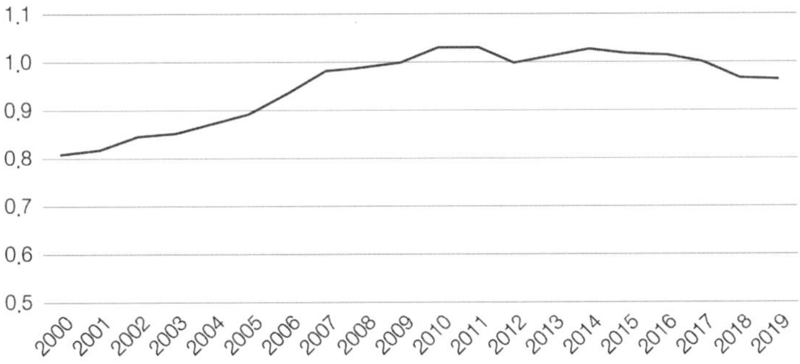

자료: University of Groningen and University of California, Davis, FRED 검색

서 계속 기술을 수입하는 것이다.

1. 모든 것을, 모든 곳에서, 한꺼번에 혁신하기

중국공산당은 혁신과 산업을 더 잘 연계하기 위해 경제 내에 새로운 계층을 설정하고 있다. 검증된 방법과 고도로 통제된 환경에서 작동하는 자본주의의 한 형태인 '기술주의적 실험실 자본주의'를 혼합하여 중국공산당은 경제 주체들의 중앙 집중화와 조직화를 강화하는 것을 목표로 한다. 반면 높은 수준의 정치적 통제는 민간 소유 기업의 혁신을 저해할 수 있다. 중국 정부는 또한 국가 연구 기

관, 대학, 기타 기업과 네트워크를 구축하는 등 중국의 진화하는 혁신 생태계에 이들을 통합하려고 시도하고 있다.

중국 정부는 또한 신흥 기술 분야에서 민간 부문의 강점을 인정하고 재정적 위험을 줄임으로써 기술 개발과 경쟁을 장려하고 있다. 새로운 유형의 중앙 집중식 혁신 행정은 국가 전략 목표를 추구하는 데서 민간과 국가 부문을 연계하여 전략 분야의 혁신을 가속화하는 것을 목표로 한다.

각 부처와 관련 부서는 로드맵, 시간표, 책임 등 필요한 계획을 개발하는 데 중요한 역할을 한다. 이 계획은 목표를 달성하는 데 도움이 되는 직간접적인 재정적 인센티브의 틀을 설정한다. 민영기업이 우세한 분야에서는 민영기업이 정부의 진폭적인 지원을 받기 위해 경쟁한다. 현재는 반도체에서 특히 두드러지지만 이전에는 전기 자동차(EV)에서 두드러졌다.

마찬가지로 국유기업이 우세한 분야에서는 국유기업이 수익성 있는 혁신의 동력으로 변모하여 목표 달성을 도울 것으로 기대된다. 이는 2013년 3중 전회에서 중국 경제의 기둥으로 민영기업과 국유기업을 강조한 것과 맥을 같이한다. 점점 더 많은 국유기업과 공기업이 비슷한 환경에서 운영되고 있으며, 중국공산당이 소유권에 관계없이 운영 방향에 대한 통제권을 행사하고 있다.

그러나 중국 지도부의 혁신 요구에 부응하는 것은 단순히 민영기업과 국유기업에만 국한된 것이 아니다. 중국은 국가 전체의 접근 방식에 따라 당-국가와 과학계를 초기 단계에 참여시킨 다음, 중국 혁신 사슬의 기업 쪽에서 상업화를 촉진하는 방식을 개선해 왔다. 혁신 사슬의 의도는 초기 기초 연구부터 최종 상용화에 이르기까지 모든 과정을 중앙 집중화하고 간소화하여 기술 효과와 시장 효율성 측면에서 우선 당국이 각 주체를 지도하고 지원하는 것이다.

당-국가는 혁신 사슬을 따라 모든 행위자를 지도한다

국가 전체의 접근 방식을 구현하는 핵심은 대형 민영기업 및 국유기업이 혁신 가치 사슬에서도 중요한 역할을 해야 한다는 것이다. 여기에는 그 기업들이 연구 단계에서 과학계를 지원하고 자회사에 기술을 이전하거나 스타트업에 투자하여 필수 자본과 사업 지원을 제공할 것이라는 기대가 포함된다. 중국은 핵심 분야의 기술 격차를 해소할 잠재력을 가진 스타트업들에게 '리틀 자이언트' 이니셔티브를 통해 지원을 제공하고 있다. 리틀 자이언트 이니셔티브는 혁신 체인 모델을 통해 적격한 중소기업들에게 광범위한 지원을 제공하고, 베이징 증권거래소와 같은 금융 시장과 연계시켜 준다(이 장 끝에 실린 리틀 자이언트 기업 사례 연구 '리더드라이브' 참조). 2022년 상하이, 선전, 베이징의 증권거래소에 상장된 기업의 40%가 리틀 자이언트 기업이었다.[3]

2. 기술 효율성에서부터 시장 경쟁력까지 토종 챔피언을 활용하다

혁신은 점진적인 개선에 대한 경쟁인 경우가 많기 때문에 최첨단 기술보다 한두 단계 뒤처진 기술도 가장 앞선 버전이 할 수 있는 많은 것을 달성할 수 있다. 주행거리가 200km인 전기차는 주행거리가 300km인 전기차를 모는 통근 운전자의 요구를 대부분 충족할 수 있다. 또한 22nm 공정으로 만든 칩은 스마트폰에서 14nm 버전과 동일한 기능을 대부분(물론 전부는 아니지만) 구현할 수 있다.

더 진보된 기술이 더 낮은 버전이 할 수 없는 작업을 수행할 수 있다고 해도 많은 고객을 만족시키기에는 여전히 겹치는 부분이 많다. 물론 중국은 많은 기술 분야에서 최첨단을 달리고 싶어 하지만, 특정 기술에서 원하는 애플리케이션을 대부분 생산할 수 있을 정도로 근접하는 데 우선 만족하는 경우가 많다.

이 검증된 공식은 고속철도(HSR) 기술 분야에서 가장 명확하게 입증되었다. 고속철도 네트워크를 구축하려는 중국의 야망은 국내 모델을 구축하는 데 필요한 전문 지식과 기술 부족으로 인해 차질을 빚었다. 시장에 초청된 외국의 HSR 기업은 JV를 설립하고 북부와 남부의 철도 차량 회사인 CNR과 CSR 같은 국내 업체에게 기술을 이전하라는 요구를 받았다. 가와사키, 알스톰, 지멘스, 봄바디어와 같은 브랜드는 모두 시장 지배적인 기업이 되기를 희망하면서 시장에 뛰어들었다.

시간이 지남에 따라 CNR과 CSR은 하나의 독점적인 거대 CRRC로 합병되었고, 이전된 모든 외국 기술에 접근할 수 있게 되면서 결국 외국 브랜드를 따라잡고 기술적으로 효과적인 대안을 생산할 수 있었다. 엔진과 철도 차량 구매를 담당하는 조달 시스템이 외국 경쟁사보다 CRRC를 선호하기까지는 그리 오랜 시간이 걸리지 않았고, HSR과 관련된 일부 틈새 기술을 제외하고는 외국 경쟁사들이 사실상 시장에서 퇴출되었다. 그 이후로 중국의 HSR 네트워크는 다른 모든 네트워크를 왜소하게 만들었다. CRRC의 독점 지적 재산인 CRRC 푸싱 '(국가) 회춘' 노선을 타본 사람이라면 누구나 그 속도와 부드러운 승차감으로 인해 유럽 고속철이 구식으로 느껴진다는 것을 알 수 있을 것이다.

비슷한 상황이 현재 5G 기술에서 경쟁사를 추월한 화웨이에서도 벌어지고 있다. 화웨이는 이제 외국 경쟁 없이 거의 전적으로 보호된 자국 시장을 향유하고 있다. 그 외에도 화웨이는 다른 기술 격차를 좁히려는 중국의 전략적 야망의 중심에 있다. 이 장의 마지막에 실린 사례 연구에서는 이 회사에 대해 자세히 다루었다.

자국 시장에서 화웨이를 보호하는 데 도움이 되는 동일한 규칙 중 일부는 다른 분야에도 적용된다. 가능한 모든 방법으로 중국을 보호하려는 시진핑의 야망은 특정 산업에서 바람직하지 않은 외국 경쟁을 몰아내기 위한 규제 및 기타 수단을 만들었을 뿐만 아니라 나머지 외국 비즈니스 커뮤니티와 현지 기업이 해당 지역의 토착 기술과 통합하도록 강요하고 있다.

이러한 현상은 핵심정보기반시설(Critical Information Infrastructure: CII)(중국어로는 關鍵信息基礎設施) 분야에서 가장 두드러지게 나타나고 있다. 관련 정보통신기술(ICT) 및 디지털 솔루션 공급업체는 CII 사업자로 지정된 고객을 위해 다수의 정부 기관으로부터 승인을 받아야 한다. 이 규정은 해외 공급업체와 운영자에게 막대한 부정적인 영향을 미친다. 유럽 상공회의소에 보고된 바에 따르면, 해외 공급업체와 운영자는 중국 내 경쟁사보다 훨씬 더 높은 수준의 조사를 받고 있으며, 중국 내 경쟁사는 종종 해외 공급업체와 운영자가 전 세계적으로 사용되는 하드웨어와 소프트웨어를 제거하고 중국 사업장에 토종 솔루션을 제공해야 한다고 말한다.

이보다 덜 심하지만 더 광범위하게 퍼져 있는 보호주의의 원천은 자율적이고 제어 가능한(A&C) 캠페인으로, 필요한 경우 혼자서 진행할 수 있는 가치 체인을 보장하는 것을 목표로 한다. 중요한 것은 점점 더 많은 산업이 디지털화를 진행하고 네트워킹과 자동화에 더 많이 의존하게 되면서, 운영자로서 더 큰 감시를 받게 될 가능성이 높아졌다는 것이다. 중국이 (화학 공장이 폭발한 역사를 지닌 나라에) 고도로 자동화된 화학 공장을 허용하리라는 것, 또는 자율 주행 차량이 당국의 감독과 개입 없이 운행되도록 허용하리라는 것은 상상하기 어려운 일이다.

3. 가능한 경우 해외 기술을 도입하고, 필요한 경우 해외 기술을 수입한다

중국이 해결하고자 하는 외국 기술에 대한 종속성을 다루지 않고는 중국의 기술 자립 야망에 대해 이야기하는 것이 불가능하다.

중국도 개방을 통해 자립에 접근하고 있다

중국은 외국 기술 제공업체에 비해 너무 뒤처져 있는 경우 개방을 통해 자립에 접근한다. 해외 기술을 온쇼어링(onshoring)한다는 것은 해당 기술을 중국 국경 내에서 중국의 관할권으로 가져오는 것을 뜻하는 말로, 기술을 수입하여 미국이나 다른 나라로부터 잠재적인 규제를 받는 것보다 훨씬 선호되는 선택이다. 이는 제한을 없애는 것을 의미할 뿐만 아니라 온쇼어링을 장려하기 위한 추가 지원 조치로 레드카펫을 깔아주는 것을 의미할 수도 있다. 다양한 외부 규제로 인해 불가능하지만, 중국은 반도체 가치 사슬의 최첨단에 있는 기업들에 대한 지원을 아끼지 않을 것이다. TSMC, ASML, 니콘, 인텔과 같은 기업들이 최첨단 생산을 온쇼어링할 경우 효과적으로 가격을 책정할 수 있다.

외국계 화학 제조업체인 바스프(BASF)와 엑슨 모빌도 비슷한 상황을 겪었다. 이들 기업은 2018년에 각각 광둥성에 100억 달러 규모의 공장을 건설할 계획을 발표했다. 이 화학 공장은 중국 고객을 위해 첨단 화학제품을 생산할 예정이다. 이전에는 화학제품을 전량 수입에 의존해야 했기 때문에 혼란을 겪을 수 있었다. 이 투자를 촉진하기 위해 중국은 각 투자에 대해 100% 외국인 소유를 승인했는데, 이는 중국에서는 전례가 없는 일이었다.

마지막으로, 중국은 다른 선택의 여지가 없는 경우 마지못해 외국 기술을 계속 수입할 것이다. 동시에 이 분야의 기술 격차를 줄이기 위한 노력에 집중할 것이다. 이는 중국이 자체 혁신 시스템 및 수출을 강화하는 최첨단 칩을 수입해야 하는 반도체 분야에서 가장 널리 나타나고 있다. 하지만 이 방법은 2022년 10월 미국 칩 기술에 대한 제한 조치가 이루어지고 2023년 초 미국과 일본, 네덜란드가 가장 진보된 리소그래피 기계를 수출 제한하기로 공동 합의한 이래 더욱 곤경에 처했다. 그러나 이 방법은 중국이 원하는 것보다 훨씬 더 많은 기술에 적용된다. 몇 가지만 예를 들어보겠다.

- 많은 에어버스와 보잉의 공급업체는 미국과 유럽에서 군용 계약업체라는 지위를 갖고 있기 때문에 여객기 지망업체인 COMAC에만 특정 부품을 공급할 수 있다.
- 유럽과 일본의 수많은 산업 기계 제조업체는 자신들의 최첨단 제품만 중국으로 수출할 것이다.
- 틈새시장을 공략하는 히든 챔피언, 이른바 미텔스탠드 기업 군단은 판매자 시장의 사치를 누리고 있으며, 중국 내륙으로 진출해야 한다는 압박을 받지 않고 있다.

4. 기술 패권을 추구하는 중국은 제조업과 원자재에 대한 장악력을 레버리지로 활용하고 있다

목표는 신흥 기술의 지배적인 공급국이 되는 것이다

2020년 말 중국 공산당의 이론지 《치우시》에는 시진핑 주석의 대표 연설 중 하나인 「중장기 국가 경제사회 발전 전략이 직면한 몇 가지 주요 문제(中國中長經濟社會發展戰略若幹重大問題)」가 실렸다. 이 연설에서 그는 매우 기술 중심적인 중국에 대한 비전을 설명했다(이 연설은 당초 2020년 4월에 발표되었다).[4] 팬데믹 초기의 강력한 봉쇄 조치에서 나온 이 연설은 먼저 회복력 있는 해외 수요에 대한 의존도를 낮추기 위한 내수시장을 요구했고, 둘째로는 국산화된 가치 사슬과 안전한 기술 액세스를 요구했다. 안전한 기술 접근을 달성하기 위한 한 가지 방안은 기술 우위를 따라잡고 추월하여 중국이 일종의 기술적 상호확증파괴를 통한 억지력을 확보하는 것이다. 구체적으로 말하자면 시 주석은 '암살자의 철퇴(assassin's mace)' 기술을 구상하고 있다. 이는 중국이 지닌 비장의 카드에 해당하는 것으로, 경쟁이나 싸움에서 예기치 않게 던져져 역학 관계를 바꿀 수 있는 것이다.

이 야망은 중국이 전 세계적으로 수요가 높은 신흥 기술의 지배적인 공급업체로 자리매김하는 것이다. 그 위치에서, 베이징은 다른 시장에 대항하여 신뢰성 있게 사용할 수 있는 자체 기술 병목 현상을 통제할 것이다. 이는 미국이 중국을 장악하기 위해 반도체 병목 현상을 이용하는 것과 같은 방식이다. 그 효과는 억지력이 될 것이다. 따라서 미국은 중국이 병목 기술에서 미국을 차단하지 않도록 하는 대가로 자국의 칩 기술에서 중국을 차단하는 것에 대해 다시 한번 생각하게 될 것이다. 이는 AI, 양자 컴퓨팅, 생명과학, 신소재 등 중국이 현재 가장 앞서 있는 모든 분야가 될 수 있으며, 하나 또는 두 개의 최종 제품을 강화하는 데서뿐만 아니라 여러 가치 사슬, 그리고 국가의 혁신 역량 자체를 강화하는 데서도 매우 중요해질 수 있다.

현재 이는 억지력을 발휘할 수 있는 다른 기술도 의미한다. 중국은 2023년 초 태양광(태양열 패널) 기술과 관련된 국외 지적 재산에 대한 규제를 만들면서 녹색 전환의 핵심 기술이자 중국이 태양광 패널의 전체 가치 사슬에서 세계 시장 점유율의 약 80%를 차지하고 있는 기술에 대해 일종의 수출 통제의 문을 열었다.[5 6] 한편 2023년 7월 3일 중국 상무부에서는 갈륨 및 게르마늄 관련 물질이 이중 용도로 사용된다는 이유로 이 물질에 대한 수출 통제를 발표했다.[7] 중국은 전 세계 게르마늄의 약 2/3와 갈륨의 97%를 생산한다. 이 두 광물 각각은 반도체, 광학, 전자기기 등 광범위한 응용분야의 기초가 된다.[8] 이는 네덜란드가 미국, 일본과 연계하여 최첨단 리소그래피 기계의 수출을 제한하는 자국의 제한 조치에 대해 세부 사항을 발표한 이후 벌어진 일이다. 베이징은 독자적인 대응을 준비해 오다가 적절한 시기에 억지력을 투입할 수 있도록 대기하고 있었던 게

분명하다. 예를 들어, 갈륨은 일본 기업이 제조하고 한국과 대만의 칩 제조업체들이 사용하는 최첨단 칩 웨이퍼에 필수적인데, 이는 모두 일본과 네덜란드의 리소그래피 기기로 제조된다.

사례 연구

리더드라이브, 베이징의 '리틀 자이언트' 중 하나

알렉산더 브라운

리더드라이브(Leader Harmonious Drive Systems, 綠的諧波)는 민간 중소기업으로 로봇의 핵심 부품인 하모닉 감속기를 생산하고 있다. 중국은 오랫동안 외국 기업이 장악하고 있는 로봇 핵심 기술 분야에서 국내 역량을 강화하기 위해 노력해 왔다.[9]

로봇과 CNC(컴퓨터 수치 제어) 기계는 중국 제조 2025 전략에 포함된 10대 핵심 산업 중 하나이다. 중국은 중국 토종 기업이 2020년까지 국내 산업용 로봇 시장의 50%를, 2025년까지 70%를 점유하는 것을 목표로 설정했다. 또한 핵심 로봇 부품의 현지화 생산을 2020년까지 50%로, 2025년까지 80%로 늘리는 것을 목표로 하고 있다.[10]

그러나 지금까지 산업계는 정부의 기대에 부응하지 못하고 있다. 2020년 산업용 로봇 생산에서 토종 브랜드의 국내 시장 점유율은 약 1/4 수준이다.[11] 2020년 핵심 부품의 경우 감속기, 서보 시스템, 컨트롤러의 국산화율은 각각 약 36%, 25%, 31%에 그쳤다.[12]

따라서 로봇 공학 분야는 중국의 기술 자립에 대한 꿈이 아직 실현되지 않은 분야이다. 특히 업스트림 부품의 경우 리더드라이브는 중국 국내 공급망의 공백을 메울 수 있는 잠재력을 가지고 있다.

혁신 체인 전반에 걸친 풍부한 가이드

- 리틀 자이언트 프로그램: 리더드라이브는 2019년에 발표된 리틀 자이언트(小巨人) 1기 기업에 선정되었다.[13] 리틀 자이언트 기업은 강력한 혁신 역량을 갖춘 하이테크 중소기업이다. 리틀 자이언트 기업으로 지정되면 기업은 특별한 정부 지원을 받을 수 있으며, 공공 및 민간 부문의 행위자에 의해 기업의 성장을 촉진하도록 장려된다. 여기에는 광범위한 지원 메커니즘뿐만 아니라 기업이 활용할 수 있는 안내 메커니즘도 포함된다.
- 정부 보조금: 리더드라이브는 리틀 자이언트 타이틀을 획득한 이후 2019년과 2020년 사이에 7,800만 위안의 보조금을 받았는데, 이는 2019년부터 2022년까지 거둔 전체 매출의 6%를 차지한다. 2017~2018년 기간 동안에는 보조금이 매출의 3%에 불과했다.[14]
- 주식 자금 조달: 이 회사는 2020년 8월 STAR 시장에 상장한 후 뜻밖의 큰 횡재를 만났는데, 시장에서 10억 6,000만 위안의 자본을 조달했던 것이다. 리더드라이브는 정부 지도 기금을 포함한 민간 및 공공 투자자로부터 직접 지분 투자를 받았다. 예를 들어, 첨단제조투자펀드는 이 회사의 3대 주주로 5%의 지분을 보유하고 있다.[15]

- R&D 지원: 리더드라이브는 하얼빈 공과대학, 상하이 자오퉁 대학, 동남 대학 등 여러 대학과 장기적인 협력 파트너십을 구축했다. 2017년에는 중앙 정부로부터 1,340만 위안의 자금 지원을 받아 로봇 감속기 제조에 관한 국가 핵심 R&D 프로그램 프로젝트를 주도했다.[16]
- 고객 기반: 중국은 대기업이 첨단 기술 중소기업과 더 긴밀한 관계를 구축하고 성장을 지원하도록 장려하고 있다. 리더드라이브는 시아순(SIASUN), 이스툰(ESTUN), 스텝일렉트릭(STEP Electric), 화슈로봇(Huashu Robot)과 같은 산업용 로봇을 주요 고객으로 삼고 있다.
- 제조 챔피언 프로그램: 2021년, 리더드라이브는 제조 챔피언(制造業單項冠軍)으로 선정되어 리틀 자이언트 기업보다 한 단계 높은 단계로 올랐다. 이는 이 회사가 특정 하위 부문에서 선도적인 제조 기업으로 인정받은 것으로, 정부에 대한 중요성을 더욱 강조한다.[17]

리더드라이브의 성공 사례로 국가적 목표의 중국공산당 지침을 제시한다

리더드라이브의 성장 궤적은 이 회사가 리틀 자이언트로 선정된 이후 가속화되었다. 2019년과 2022년 사이에 회사의 매출은 두 배 이상 증가했고 자산은 세 배 이상 증가했다. 2021년 리더드라이브는 국내 하모닉 감속기 시장의 25%를 차지하여 2위에 올랐다.[18] 산업용 로봇의 3대 핵심 부품(감속기, 컨트롤러, 서보 시스템) 중 중국 기업이 5% 이상의 상당한

시장 점유율을 차지하고 있는 것은 감속기가 유일하다.[19]

이 회사는 '병목' 기술에서 돌파구를 마련하고 로봇 핵심 부품을 개발하는 데 성공하여 중국전자학회(CIE)로부터 찬사를 받았다.[20] 리더드라이브의 장위웬 부총경리에 따르면, 이 회사는 베이징이 부여한 사명을 충실히 수행하고 있다. 리더드라이브는 고품질, 신뢰성, 상대적으로 저렴한 제품을 통해 중국 로봇 제조업체들이 일본에서 수입하는 고급 하모닉 감속기에 의존하는 비중을 줄이는 데 성공했다.[21]

사례 연구

화웨이의 기지국 기술, 해외 경쟁업체를 추월하다

알렉산더 브라운

화웨이 테크놀로지(華爲技術)는 중국 하이테크 제조업 발전의 선두기업으로, 하이테크 제품 분야에서 글로벌 리더가 된 최초의 중국 민간기업 중 하나이다. 2012년에는 세계 최대 통신 장비 생산업체가 되었다.[22] 이 회사의 제품은 중국의 통신 인프라를 뒷받침하고 있으며, 국가안보에 매우 중요한 것으로 간주된다. 5G 기술 분야에서의 리더십, R&D 및 혁신에 대한 집중적인 투자를 통해 중국은 최신 네트워크 기술을 다른 선진국보다 훨씬 더 빠르게 도입할 수 있었다. 이는 제조부터 운송, 보건에 이르기까지 모든 부문의 디지털화와 생산성 향상을 지원한다. 화웨이는 미국이 부과한 기술 제한의 직접적인 표적이 된 2018년부터 자립을 위한 노력을 주도해 왔다. 자체 기술을 개발하거나 다른 국내 기업을 지원함으로써 이전에 미국에서 직간접적으로 조달하던 하드웨어와 소프트웨어를 대체하기 위해 발 빠르게 움직였다.

당-국가 차원의 전방위적 지원

- 기술 이전: 외국 통신 기업들은 시장 접근권을 얻는 대가로 화웨이와 같은 국내 기업과 지적 재산을 공유해야 했다. 이는 화웨이의 초기 개발을 촉진했다.[23]
- 시장 보호: 중국 내 통신 장비 출시 계약에 대한 우선권은 화웨이에 거대한 시장을 제공했고, 화웨이가 사업을 확장하는 데 도움이 되었다. 2022년 기준, 중국은 전 세계 5G 기지국의 60% 이상을 차지했다.[24]
- 정책 은행: 해외 프로젝트를 지원하기 위해 화웨이와 해외 고객에게 수백억 달러의 자금이 지원되었다.[25]
- 보조금 및 세금 인센티브: 《월스트리트 저널》의 검토에 따르면 화웨이는 국가 대출기관으로부터 460억 달러의 대출을 받았다. 세금 인센티브로 인해 화웨이는 2008년부터 2018년까지 250억 달러를 절약했다.[26] 화웨이에 지급된 보조금은 2022년에 두 배 이상 증가하여 65억 위안(약 9억 9,500만 달러)을 넘어섰다.[27]
- 매각 촉진: 베이징은 화웨이의 아너(HONOR) 브랜드 자산을 화웨이가 아닌 법인으로 이전하여 미국의 제재 범위를 벗어나도록 하는 '최우선 투자자'로 활동했다.[28]
- 경제적 강압: 중국 관리들은 여러 차례에 걸쳐 화웨이를 해외 시장의 장비 공급에서 배제할 경우 보복하겠다고 위협했다.[29]

베이징의 혁신에 대한 희망과 봉쇄에 대한 두려움을 보여주는 대표적인 사례

정부의 지원은 화웨이가 기술 강자로 변모하는 데 큰 도움이 되었다. 화웨이는 중국에서 가장 혁신적인 기업이자 발명 특허를 가장 많이 보유한 기업 중 하나이다.[30] 화웨이는 전 세계 시장에 성공적으로 진출했으며 많은 유럽 국가들이 5G 네트워크에 화웨이 기술을 사용하고 있지만, 이는 오래가지 않을 수도 있다.[31] 결국 화웨이와 정부 간 관계 및 화웨이가 지닌 자국 시장에서의 이점은 해외에서 반발을 불러일으켰고 선진국의 일부 시장에 대한 접근이 제한되기 시작했다. 화웨이는 중국과 미국의 격렬한 관계의 한가운데로 끌려 들어가고 있다.

미국의 기술 금수 조치 속에서 생존을 위한 화웨이의 싸움은 중국 정부가 지닌 나라 전체에 대한 두려움을 상징적으로 보여준다. 지난 몇 년 동안 화웨이는 공급망을 완전히 국산화하는 데 상당한 진전을 이루었다. 회사 설립자인 런정페이는 1만 3,000개 이상의 부품과 4,000개 이상의 회로 기판 재설계에 대해 국내 대안을 찾았다고 밝혔다.[32] 화웨이는 산업용 소프트웨어 영역에서 자체 MetaERP(전사적 자원 관리 시스템)로 전환하여 미국 공급업체를 대체했다.[33] 화웨이는 반도체 분야에서도 활발히 활동하고 있다. 화웨이는 국내 시장에 AI 칩을 공급하는 선도적인 공급업체가 되었으며 칩용 전자 설계 자동화 도구의 현지 발전을 주도하고 있다.[34] 또한 2019년 화웨이는 80개 이상의 국내 기업을 지원하는 반도체 투자 펀드를 출범했다.[35]

중국의 목표에서 가장 중요한 것은 화웨이와 SMIC가 7나노미터에 가까운 칩 기술을 공동 연구했으며, 효율적이지는 않지만 효과적인 결과를 얻은 것으로 보인다는 점이다. 2023년 9월 초, 화웨이는 SMIC에서 만든 기린 9000-S 칩을 사용하는 새로운 메이트60 프로 스마트폰을 공개했다. 이 글을 쓰는 시점에서 이 스마트폰의 기술에 대한 분석이 진행 중이지만, 이는 자체적인 혁신을 통해 큰 진전을 이루었음을 시사하고 있다.

5

시진핑의 새로운 사회 계약은 전략적 목표를 최우선으로 한다

주요 조사 결과

- 소비 주도형 성장 모델로의 전환은 뒷전으로 밀려나고 있다. 경제적 기준선이 유지되는 한, 산업 정책 목표를 달성하는 것이 사회경제적 목표를 진전하는 것보다 우선시되고 있다.
- 시진핑의 야심찬 사회 개혁에도 불구하고 중국공산당이 경제 개혁에 착수한 이래 사회경제적 구조적 변화와 재분배의 진전이 중국공산당의 우선순위가 된 적은 없다.
- 공동 번영에는 과도한 부를 누리는 사람들에 대한 불만과 더불어 기업이 더 많은 사회적 책임을 져야 한다는 기대가 존재한다.
- 중국이 더욱 까다로워진 중산층 및 그들의 필요와 욕구에 대처함에 따라 전략적 우선순위를 일자리와 소득에 맞추는 것이 더욱 어려워지고 있다. 이데올로기와 지정학적 경쟁은 대규모 중산층의 기대에 반하는 억압적인 정치경제를 조장하고 있다.

중국의 경제 전환은 괄목할 만한 성공을 거두었다. 그 과정에서 8억 명 이상이 빈곤에서 벗어났다.[1] 2021년 중국공산당 창당 100주년을 맞아 시진핑 주석은 극심한 빈곤의 종식을 선언했다. 최소 1억 명 이상의 연간 소득이 중국의 농촌 빈곤선으로 정의되는 4,000위안을 넘어섰다. 2022년 1인당 GDP는 1만 2,720달러에 도달하여 세계은행이 정의한 고소득 국가 기준인 1만 3,845달러에 근접했다.[2] 그러나 중국은 여전히 EU에서 1인당 GDP가 가장 낮은 국가인 불가리아(1만 3,772달러)와 루마니아(1만 5,892달러)보다 낮은 수준에 머물러 있다.

중국은 이미 혁신 강국이기 때문에 국가별 1인당 GDP 수준에만 초점을 맞추는 것은 오해의 소지가 있을 수 있다. 중국과 같은 대규모 경제에서는 다양한 발전 단계가 동시에 진행된다. 이미 중국 인구의 42%가 세계은행에서 고소득 지역으로 분류하는 지역에 살고 있다. 장쑤성, 푸젠성, 저장성, 광둥성은 모두 2022년 1인당 GDP가 1만 5,000달러를 넘을 것으로 예상된다. 이들 지역의 인구를 모두 합치면 3억 3,000만 명이 넘기 때문에 중국은 상당한 규모의 중산층을 확보하게 되었다.

이러한 괄목할 만한 사회 복지 향상에도 불구하고 중국의 경제 정책은 여전히 더 큰 기술 고도화를 추구하는 산업을 지원하는 데 초점을 맞추고 있다. 국가 전략 목표를 달성하려면 인프라, 생산 능력, 과학 및 기술 분야에 대한 대규모 자본 투자가 필요하다. 중앙 집중 및 통제를 추구하는 시스템과 개인 가계의 소비 패턴 자율성을 강화하는 것은 양립할 수 없다. 결국 구매자는 당이 원하는 것을 구매하지 않을 수 있다. 이는 투자에 대한 의존도를 낮추어 경제의 균형을 재조정해야 한다는 지난 10년 동안의 요구에 한계를 설정한다. 시진핑의 경제 논리에 따르면, 이는 일자리와 소득을 창출하는 효율적인 공급을 제공하는 강력한 역량이며, 이로부터 수요가 창출된다.

시진핑이 구상하는 중국의 사회주의는 이데올로기와 민족주의를 강조한다. 여기에는 중국 경제 시스템의 중요한 특징인 집단주의 원칙이 근본적인 부분을 차지한다. 이는 국가의 이익이 개인의 이익보다 우선한다는 것을 의미한다. 지금도 중국공산당에게 개인이 목적을 위한 수단으로만 여겨지는 것은 아니지만, 정치경제의 억압적인 구조로 인해 경제 활동의 통로가 제한되고 있다.

시진핑의 지도력 아래에서 통치의 핵심 원칙으로 권위주의적 요소를 발전시키는 것은 중국의 사회경제 구조에 그 흔적을 남기고 있다. 중국 경제의 다른 부분에서와 마찬가지로 중국공산당은 경제 주체들에 대해서도 자신들의 지위와 지도력을 강화하고 있다. 이는 중국의 성장 모델이 가계소비 쪽으로 크게 전환되는 데서 긍정적인 전망이 아니며, 중국의 발전경로에 중대한 영향을 미치고 있다.

1. 소비 주도 성장에 실패한 중국 경제

시진핑의 대표적인 정책 어젠다 중 하나인 이중 순환 전략의 핵심 원칙은 중국이 수출과 투자 중심의 기존 성장 모델에서 내수가 주축이고 수출은 보조적인 역할을 하는 성장 모델로 전환하는 것이다. 그러나 소비 주도 성장으로의 전환이 필요하다는 인식이 광범위하다고 해서 이렇게 전환하는 것이 본질적으로 용이하지는 않다. 고려해야 할 다른 우선순위가 있으며, 시 주석은 소비 주도 성장을 두 번째 단계의 목표로 삼고 있다.

그림 5-1 **가계 소비는 낮은 수준에 머물러 있다**

지출별 GDP 비율(단위: %)

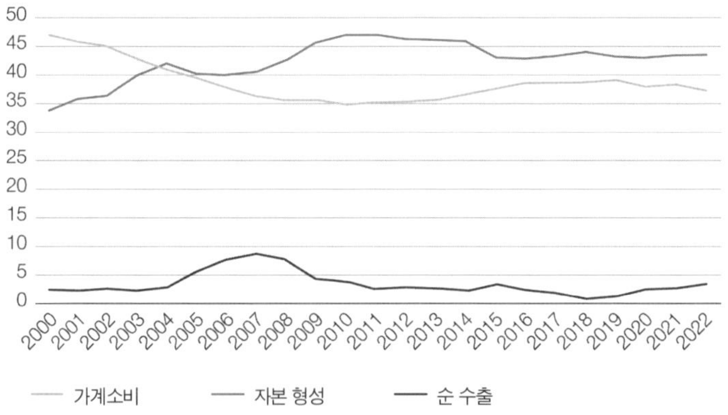

자료: NBS

경제에 대한 정부의 통제력이 높은 국가일수록 일반적으로 민간 소비 비중이 낮다.[3] GDP에서 가계소비가 차지하는 비중은 2013년 시진핑의 첫 임기 이후 거의 개선되지 않았다. 2010년 34.3%에서 2021년 38.5%로, 지난 5년 동안 기본적으로 같은 수준이다. 보다 지속 가능한 성장 모델로의 전환에 대한 오랜 논쟁에도 불구하고 투자는 여전히 경제에서 가장 중요한 요소이다. 산업 정책 목표를 달성하는 것이 사회경제적 목표를 달성하는 것보다 먼저이기 때문이다. 소비의 높은 비중과 가계의 자율성은 산업 정책을 선호하는 중국 경제 시스템의 중앙 집중화 노력에 반하는 것일 수 있다(그림 5-1 참조).

세계은행에서 중간 소득 국가로 분류된 국가의 가계소비 비중은 일반적으로 약 50%이며, 고소득 국가의 경우 약 60%이다. 이중 순환 전략이 변화를 주도하지 못한 것은 개별적으로 보면 정책 실패를 의미할 수도 있지만, 시진핑의 경제 정책 결정이라는 더 넓은 맥락에서 보면 오히려 절충안으로 인한 실패라고 할 수 있다. 그러나 시진핑의 경제사상 관점에서 보면 낮은 가계소비 비중은 구조적인 문제가 아닌 중국 경제 시스템의 특징으로 이해해야 한다.

2. 복지 국가에 대한 반박: 시진핑하에서 정체된 사회경제적 지표

재분배를 촉진하는 것은 중국공산당의 주요 정책이 아니었다

사회경제 정책과 재분배를 촉진하는 것은 중국공산당이 경제 개혁에 착수한 이후 주요 정책이 아니었으며, 이는 시진핑 치하에서도 마찬가지이다. 주룽지는 1990년대 국유기업 개혁을 단행할 당시 마오쩌둥 시대의 사회 안전망인 회사 차원의 작업 단위(單位)를 종식시켰다. '철밥통'이 해체되고 신자유주의 경제와 유사한 자유방임적 사회 시스템으로 대체되었다.[4] 실질적인 재조정을 하기 위해서는 의미 있는 재분배와 정부의 사회적 지출 증가가 필요한데, 이는 제조 역량 및 혁신을 확대하는 데 투자하는 대가를 치르게 될 것이었다. 이를 위해서는 극단적인 빈곤 퇴치와 같은 캠페인 방식의 접근이 아닌 제도적인 변화가 필요하다.

이러한 우선순위는 시진핑이 2013년에 발표한 야심 찬 사회 개혁에도 불구하고 단기간에 바뀌지 않을 것으로 보인다. 보건, 교육, 사회보장, 그리고 고용에 대한 공공 지출은 시진핑의 첫 두 임기 동안 거의 변하지 않았으며, 2022년에는 8.1%에 달했다. 시 주석은 전임 지도자들의 많은 문제를 물려받았지만, 구조 개혁에 대한 약간의 립서비스에도 불구하고 구조 개혁을 계속 뒤로 미루고 있다. 이러한 장기적인 구조적 문제는 GDP 성장이 둔화되고, 사회가 고령화되고, 노동 인구가 2015년을 정점으로 더욱 줄어들고, 부채가 많은 지방 정부가 사회 서비스 자금 조달에 어려움을 겪으면서 더욱 심각해질 것이다(그림 5-2 참조).[5]

적절한 사회 안전망이 부재한 것은 중국의 저축률이 유난히 높은 현상을 설명하는 데 도움이 된다. 가계는 소비를 하기보다는 건강 관리나 은퇴를 위해 돈을 저축한다. 높은 저축률은 결국 저렴한 자본을 촉진하여 투자 주도형 성장 모델을 가능하게 한다. GDP 대비 저축률은 2013년 이후 45%에 가까운 수준에서 꾸준히 유지되고 있다. 중국의 저축률은 거의 독보적인 수준이며 세계은행에서 분류한 중진국이나 고소득 국가보다 훨씬 높다. 중국의 현대 대도시에서 나타나는 과소비나 온라인 소매업의 열풍은 거시경제적 현실을 반영하는 것이 아니라 중국 사회의 단면과 고착화된 불평등을 반영하는 것이라고 할 수 있다.

그림 5-2 시진핑의 공동 번영 추진은 사회 지출에 영향을 미치지 않았다

GDP 대비 보건, 교육, 사회보장, 고용에 대한 공공 지출 비율(단위: %)

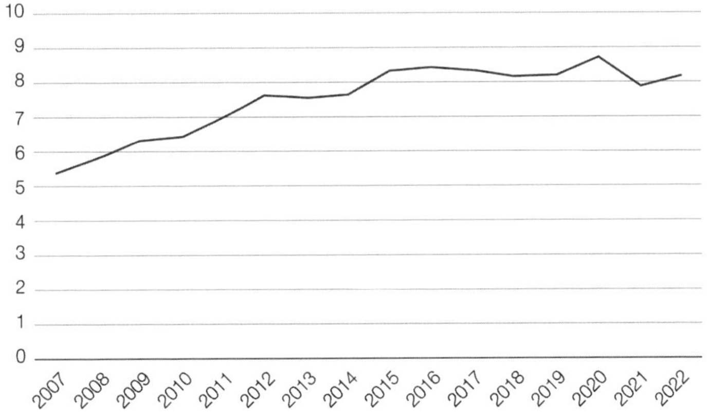

자료: NBS 데이터를 기반으로 한 MERICS의 추산

중국의 불평등은 지속되어 왔지만, 경제성장이 모든 소득 계층의 삶을 개선할 수 있을 만큼 강력하게 유지되는 한 정책적 이슈가 되지 않았다. 이로 인해 중국공산당은 사회 시스템을 강화하는 것 이외의 경제 정책 우선순위를 자유롭게 설정할 수 있는 자유를 부여받았다(그림 5-3 및 그림 5-4 참조).

3. 공동 번영은 구조적 변화라기보다 상징적 의미가 더 크다

가계로 더 많은 소득이 돌아가지 않는 것은 시진핑 경제 이데올

그림 5-3 중국의 저축률은 여전히 높은 수준을 유지한다

소득 그룹별 GDP 대비 총 저축률(단위: %)

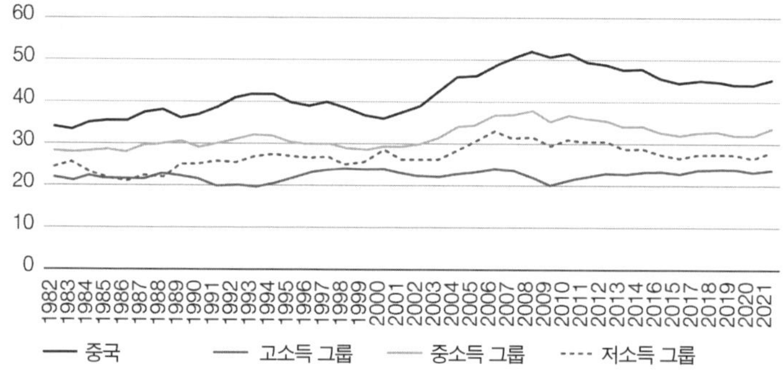

자료: World Bank

그림 5-4 불평등 감소는 여전히 도전과제이다

소득 그룹별 연간 가처분 소득(단위: 위안화)

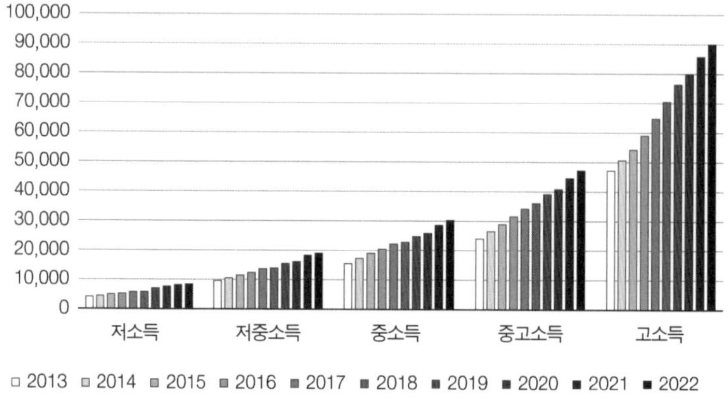

자료: NBS

로기의 또 다른 핵심 신조와 관련이 있다. '공동 번영'은 디지털 기술 및 부동산에 대한 광범위한 단속과 함께 2021년에 다시 어휘집에 등장했다. 처음에는 많은 사람들이 대규모 재분배가 이루어질 것으로 예상했지만, 기부나 자선을 통한 부의 재분배인 3차 재분배에 대한 일부 논의 외에는 실현되지 못했다. 기업들은 어려운 이웃에게 기부하고, 농촌 개발에 초점을 맞춘 기금을 조성하고, 기업 내 소득 격차를 줄이기 위한 조치를 발표하는 등 자선 활동을 확대함으로써 더 많은 사회적 책임을 강화해야 한다는 메시지를 전달받았다.[6]

시진핑 체제하에서는 비즈니스 엘리트들이 화려하게 부를 과시하는 유행이 점점 시들해지고 있으며, 부를 과시하는 것은 잠재적으로 위험할 수도 있다. 중국의 기업가들은 시진핑 집권 초기의 반부패 캠페인 기간 동안 지방 공무원이 받았던 것과 유사한 처벌을 받을 수 있었다. 이에 따라 공무원들은 더 이상 화려한 연회를 열거나 값비싼 시계를 차고 다니는 것이 금지되었다. 겸손에 대한 기대와 국가 발전에 기여하는 모습을 보여야 한다는 요구가 커지고 있다. 그 결과, 중국의 억만장자들은 2022년에 100억 달러라는 기록적인 금액을 기부했는데, 이는 새발의 피였다.[7]

공동 번영은 중국의 가장 혁신적인 기업들에 대해 그들의 자본과 전문성을 국가 전략 목표를 달성하는 데 사용하도록 압력을 가하고 있다. 하지만 공동 번영은 부유층에 대한 세금을 인상하거나 값비싼 사회 서비스를 증가시키는 대가로 노동자 계급의 번영을 이

끌어내는 것이 아니다. 민간 기업과 엘리트에 대한 단속을 포함한 시 주석의 정책은 부분적으로는 횡령 혐의로 유죄 판결을 받은 전 중국공산당 고위 관리 보시라이가 도입한 포퓰리즘 정책과 유사하지만, 재분배와 불평등을 포함한 주요 문제를 구체적으로 다루지는 않았다.[8]

지금까지 시 주석의 노력은 후진타오 전 주석의 노력에 비하면 미미하다. 후 주석은 계약법을 포함한 노동법을 확대하고 최저 임금과 이주 노동자의 의료 보험 접근성을 개선했다. 이러한 노력은 2012년 후 주석의 임기가 끝나면서 힘을 잃었다.[9] 아이러니하게도 시진핑의 중국식 사회주의 비전에는 국가의 역할이 강화된 서구식 사회주의를 거부하는 내용이 포함되어 있다. 제도 개혁을 강화하는 대신 부양의 책임을 대부분 개인에게 맡기고 국가의 기여는 최소한으로 줄였다. 공동 번영하에서의 기업에 대한 강력한 지침은 지금은 신호탄에 불과하지만, 가속화되면 기업에 직접적으로 더 큰 부담이 될 수 있다.

이러한 분위기는 이 장의 마지막에 소개된 텐센트 사례 연구에도 잘 나타나 있다. 텐센트는 2020~2021년 소비자 인터넷/플랫폼 단속의 중심에 있었고, 중국 정부는 실물 경제를 지원하는 데 역량을 집중하라는 압박을 받아왔다. 또한 중국은 신규 게임 승인을 제한할 뿐만 아니라 일부 사용자의 게임 시간을 제한하는 등 엄격한 규제를 통해 텐센트 운영의 게임 측면을 강력하게 처벌했다. 그 결과

텐센트는 국내에서 위축되었고, 중국 내에서 잃어버린 사업 기회를 만회하기 위해 전략적으로 해외로 진출하고 있다.

4. 새로운 사회 계약은 국가 부흥에 기여하는 것을 의미한다

전략적 우선순위를 일자리와 소득에 맞추는 것이 점점 더 어려워지고 있다

시진핑의 정책은 개인과 민간 기업의 이익이나 복지 증진을 목표로 하는 것이 아니라 오히려 자립과 군사력을 포함한 국력 증진을 목표로 하는 비경제적 목표에 의해 점점 더 동기가 부여되는 것으로 보인다. 복지국가 건설에 자원을 할당하는 것은 중국공산당이 미국과의 체제 경쟁이 심화되는 시기에 추구하고 싶지 않은 사치이다. 지난 수십 년 동안 중국 발전의 경제적 수혜자, 특히 기업가, 부유층, 중산층은 이제 이전의 열심히 일한 세대보다 훨씬 더 잘살 수 있게 해준 당에 감사해야 할 것으로 예상된다. 새로운 메시지는 다음과 같다: 자만하지 마세요. (경제) 허리띠를 졸라매고 소매를 걷어붙여 중국 국가에 활력을 불어넣기 위해 할 수 있는 모든 일을 하세요.

중국은 더욱 까다로워진 중산층과 일자리 및 소득에 대한 요구를 다루고 있기 때문에 국가의 전략적 우선순위를 일자리와 소득에 맞추는 것이 더욱 어려워지고 있다. 이는 사회적 단층선이 더욱 복잡해지고 있기 때문이다. 2023년 2분기에 청년 실업률은 20%를 넘어

사상 최고치를 기록했지만 기업들은 공장의 빈자리를 채우는 데 어려움을 겪고 있다.[10] 그 이유 중 하나는 기술과 기대치 간의 불일치가 커지고 있기 때문이다. 제조업에 필요한 직업적 기술을 갖춘 근로자가 부족한 상황이다. 반면에 모든 대학 졸업생이 중국의 기술 격차 해소를 돕는 유명 과학자가 되는 것은 아니다. 젊은이들에게 시골에서 일하도록 장려하는 것은 야심 찬 미래 세대에게 쉽지 않은 일이다.[11] 대부분의 도시 젊은이들은 농촌으로 돌아갈 생각을 하지 않을 가능성이 높다. 3D 제조업(더럽고 힘들고 어려운) 직종에서 일하고 싶어 하지도 않는다.

사회 및 지역 분열이 주요 이슈가 될 가능성이 높다

중국의 경제 개혁에서 가장 큰 성공 중 하나인 대규모 중산층 창출이 이제는 중국공산당의 잠재적 취약점으로 보인다. 사회 일부에서는 경제적 복지가 정체되거나 심지어 악화될 수 있는 실질적인 위험이 있다. 중국공산당은 중산층의 이러한 요구에 대응해야 한다. 중국공산당은 이미 3년간의 코로나 제로 정책 기간 동안 극심한 경제적 압박을 겪은 후 실용주의로 돌아서는 모습을 보였다. 중국공산당은 예를 들어 부채에 시달리는 부동산 대기업 에버그란데와 같이 악명 높은 부동산 부문에 당과 국가가 광범위하게 개입함으로써 사회경제적 위험을 통제해야 할 뿐만 아니라 사회 대다수의 최소한의 요구를 충족시킬 수 있는 고용과 소득을 보장하는 경제적 기준선도 제공해야 한다.

중국은 대부분의 기업의 역할이 이러한 경제적 기준선을 유지하는 것이라고 보고 있다. 여기에는 고부가가치 생산을 촉진하는 데 제한적인 역할을 하거나 주요 기술 격차를 줄이기 위한 혁신 추진에 도움을 주는 기업도 포함된다. 다음 사례 연구에서는 중일 합작 내연기관 자동차 제조업체인 GAC-도요타를 하나의 예로 들었다.

이데올로기의 중요성이 커지고 지정학적 경쟁이 심화됨에 따라 온건한 사회에 덜 반응하는 경향이 있는 더욱 억압적인 정치경제 체제가 육성되고 있다.[12] 이러한 체제하에서는 사회 및 지역 분열이 앞으로 주요 이슈가 될 가능성이 높다. 공동 번영의 맥락에서 이런 문제를 해결하려는 정책 변화가 더 많이 시도될 것으로 예상되지만, 경제 성장보다 국가 전략 목표를 우선시하는 것이 중국 경제 체제의 새로운 특징으로 보인다.

사례 연구

GAC-도요타 JV, 기술 제공자에서 경제적 기준선 보유자로 전환하다

그레고르 세바스티안

GAC-도요타는 중국 국영 광저우자동차(GAC)와 승용차 제조에 주력하는 일본 자동차 대기업인 도요타의 JV(합작법인)이다. 두 파트너 모두 경쟁 관계에 있는 자동차 JV와 생산 기지를 중국에 추가로 보유하고 있다. 과거와 달리 중국에서는 더 이상 도요타를 기술 제공자로 간주하고 있지 않으며, 전기 자동차에 전적으로 전념하지 않는 이러한 중국과 외국의 자동차 JV는 미래에 제한된 역할을 할 것이다. 즉, 이러한 기업들은 최종적으로 단계적으로 폐지될 때까지 경제적 기준선을 유지하는 역할을 할 것으로 보인다.

중국의 입장에서는 최근 몇 년 동안 이러한 합작회사의 전략적 역할이 바뀌었다. 처음에 중국은 이러한 합작회사를 주로 일본의 자동차 제조 기술과 노하우를 중국에 도입하여 중국 자동차 제조업체가 가치 사슬을 끌어올리는 데 도움을 주는 수단으로 여겼다. 하지만 중국이 전기차로 전환하면서 도요타는 더 이상 중요한 기술 파트너로 여겨지지 않게 되었다. 그럼에도 불구하고 JV는 경제성장에 기여하고 고용과 납세를 촉진하는 등 몇 가지 중요한 기능을 계속 수행하고 있다. 또한 일본 공급업체가 중국에서 생산을 현지화할 수 있는 중요한 거점 역할을 계속하고 있다.

GAC의 국유지분은 다음과 같은 JV 요건을 통해 중국에 영향을 미친다

- 시장 접근 제한: 중국 자동차 제조업체의 발전을 촉진하기 위해 베이징은 도요타를 포함한 외국 자동차 제조업체의 중국 시장 접근을 제한하고 있다. 높은 관세로 인해 중국으로의 수출이 쉽지 않은 상황에서 현지에서 생산하려면 현지 파트너와 조인트벤처를 설립하고 기술과 노하우를 공유해야 했다.
- 전기 자동차 보급: 중국은 도요타와 같은 외국 자동차 제조업체가 아직 주도하지 못했던 전기차 기술을 장려함으로써 기술 의존도를 줄였다. 중국 정부는 보조금과 같은 당근과 생산 할당량과 같은 채찍을 사용하여 자동차 제조업체가 신에너지 자동차(NEV)를 개발하고 생산하도록 장려했다. 초기 파일럿 단계에서는 하이브리드 차량이 시험 운행되었지만, 향후 중국은 도요타와 같은 일본 자동차 제조업체에 대한 의존도를 우려하여 하이브리드를 NEV 정의에서 제외

했다.[13]

하이브리드 기술의 관련성을 잃게 되자 도요타는 자사의 노하우를 공유하고자 했다. 2019년 일본 자동차 제조업체는 하이브리드 차량이 더 널리 보급되기를 바라며 특허받은 하이브리드 기술을 중국 생산업체에 무상으로 제공하기도 했다. 2020년에 도요타는 GAC에 하이브리드 기술을 라이선스했다.[14] 또한 합작회사는 새로운 NEV 공장에 대한 추가 투자를 발표하여 광저우의 성장을 더욱 촉진했다.[15]

중국의 성장을 촉진하는 데 GAC-도요타는 여전히 중요할 것이다

도요타에서 GAC로의 기술 이전을 촉진한다는 초기 목표는 부분적으로 성공했다. GAC는 아직 국제적으로 경쟁력 있는 자동차 제조업체는 아니며 내연기관 자동차 생산에서 도요타에 뒤처져 있지만, 중국 국영 자동차 제조업체 중에서는 자체 브랜드인 ICE(트럼프치 브랜드)와 EV(아이온 브랜드)는 중국에서 성공을 거두었다. GAC 자체 브랜드는 도요타 JV의 노하우와 엔지니어링 전문성의 혜택을 받았다. 실제로 NEV로의 전환과 함께 공동 생산된 전기차에 GAC가 개발한 전기 파워트레인이 사용되면서 '역기술이전'이 이루어졌다.

도요타를 유치한 것은 중국이 일본 및 기타 국제 공급업체로부터 투자를 유치하는 데도 도움이 되었다. 일본 니덱은 2019년에 GAC의 자회사와 전기 모터를 생산하기 위해 JV를 설립했다.[16]

JV에 대한 중국의 관점은 JV를 주로 기술 원천으로 보는 것에서 경제 기반 유지의 수단으로서 더 많이 고려하는 것으로 바뀌었다. 그럼에도 불구하고 광저우의 탄탄한 지역 경제력과 JV로 인한 잠재적 고용 손실을 보상할 수 있는 GAC의 역량으로 인해 GAC-도요타는 시간이 지남에 따라 경제적 기준선으로서도 그 중요성이 크게 감소했다.

사례 연구

텐센트의 최고 사업 라인은 정치적 압력을 가장 많이 받고 있다

아야 아다치

선전에 본사를 둔 기술 대기업인 텐센트는 다양한 사업 분야를 보유하고 있다. 텐센트는 처음에는 외국 거대 기술 기업의 보호 혜택을 받다가 중국의 당-국가 툴킷이 가장 심하게 적용되는 상황을 경험했다. 텐센트의 제품 대부분은 위챗과 웨이보 같은 소셜 미디어, 엔터테인먼트, 디지털 결제 시스템, 게임 등 소비자용 인터넷 서비스이며, 따라서 중국에 많이 노출되어 있다. 중국에서 가장 수익성이 높고 혁신적인 기업 중 하나임에도 불구하고, 중국 내에서의 변화의 필요성을 절감한 이 회사는 이제 국내 시장의 성장 잠재력을 보완하기 위해 해외 시장을 모색하고 있다.

'가치 사슬의 선두주자'에서 '신뢰받지 못하는 기업'으로 전락한 텐센트는 게임 부문에서 가장 큰 어려움을 겪고 있다

한때 소비 성장의 효자였던 텐센트는 주요 국가 전략 목표에 기여하지 못했을 뿐만 아니라 국가 전략 목표를 끌어내리기도 했다는 주장 때문에 압력을 많이 받았다. 텐센트가 여러 사업 분야에서 수집한 데이터는 많은 중국인 및 중국인들의 습관에 대한 포괄적인 모습을 보여주었을 것인데, 당국은 이를 플랫폼 단속의 중심으로 삼을 만큼 나쁜 것으로 간주하고 있다. 텐센트는 국익의 관점에서 그다지 중요하지 않은 소셜 미디어, 게임, 엔터테인먼트에 자원과 연구 역량을 집중했다. 더 큰 문제는 이러한 제품들이 당-국가가 기대하는 학업에 집중해야 할 학생들에게 반갑지 않은 방해물이라는 것이 입증되었고, 비디오 게임 대신 중국의 부흥에 더 많이 기여해야 하는 청소년들에게도 마찬가지였다는 것이다.

텐센트는 기술 단속과 반독점 및 게임 규제로 인해 타격을 입었다

- 황금 주식: 데이터 수집 및 콘텐츠 제작/배포의 주요 기업인 텐센트는 알리바바와 같은 기업들과 함께 최소한의 지분만 보유하고 있음에도 불구하고 운영 결정에 불균형적인 영향력을 행사하는 국유기업이 황금 지분을 보유하는 데 동참했다.
- 반독점 벌금: 텐센트는 반독점 거래 공시 규정 미준수, '사업 집중' 규정 위반, 반독점법 위반 혐의 등 12가지 혐의로 여러 차례 벌금을 부과받았다.
- 반독점 M&A 차단: 2021년 7월, SAMR은 텐센트가 운영하는 두 개의 비디오 게임 라이브 스트리밍 웹사이트인 더우위(Douyu, 鬥魚)와 후야(Huya, 虎牙)를 합병하려는 계획을 차단했다. SAMR은 합병이 진행될 경우 후야와 더우위가 비디오 게임 라이브 스트리밍 업

계에서 차지하는 시장 점유율이 합쳐져 70% 이상이 될 것이라고 말했다.

- 게임 관련 조치: 2021년, 중국은 9개월 동안 게임 라이선스 승인을 일시적으로 중단했다. 2021년 7월부터 12월까지 약 1만 4,000개의 소규모 개발사가 문을 닫았다. 2022년 4월에야 겨우 45개 게임에 대한 승인이 이루어졌다.

중국의 혁신에 대한 희망과 봉쇄에 대한 두려움을 보여주는 대표적인 사례

중국은 2021년에 게임에 대한 강력한 규제를 시행하여 한때 호황을 누렸던 게임 산업에 찬물을 끼얹고 텐센트 홀딩스와 넷이즈(NetEase Inc)와 같은 업계 리더들의 시장 가치의 절반 이상을 깎아내려 세계 최대 게임 시장을 처음으로 축소시켰다. 2020년과 2021년에 텐센트의 홍콩 상장 주가는 약 60% 하락했다. 중국 게임 시장이 세계 최대 규모이자 성장 잠재력이 큰 시장임에도 불구하고 자국 시장에서 큰 타격을 입은 텐센트는 이제 해외에서 성장을 모색하고 있다. 이 회사는 더 제한적인 환경에 적응하기 위해 노력하고 있으며, 이는 운영에 미치는 정치적 영향력에 대한 불안감을 반영한다.

텐센트는 2020년부터는 합법적인 성장 시장을 추구하고 빠르게 감소하는 중국 내 시장 기회를 상쇄하기 위해 해외에서 적극적으로 M&A를 모색하고 있다. 텐센트는 게임, 전자상거래, 의료, 핀테크 등 다양한 산업 분야에서 2020년 17건에서 2021년 44건의 거래를 성사시키며 해외로 사업을 확장했다. 마지막으로, 이 회사는 이제 '레이더에서 벗어난' 전략을 채택하고 있다. 몇몇 벤처 캐피털리스트는 《파이낸셜 타임스》와의 인터뷰에서 최근 텐센트가 스타트업의 새로운 펀딩 라운드에 대한 보도자료에서 자사의 이름을 빼달라고 요청했다고 말했다.

6

중국은 세계 경제에서 중심적인 위치를 차지하기 위해 경쟁한다

주요 조사 결과

- 중국은 국제 무역과 금융, 투자 유입 및 유출, '요새' 중국을 구성하는 데이터와 인력의 흐름에 대한 통제를 강화하고 있다.
- 시 주석은 중국이 발전하고 세계적 파워를 확대하기 위해서는 세계 경제와 연결되어야 한다고 생각하지만, 자유로운 서구식 세계화를 경계한다.
- 자유시장경제와 완전히 단절하는 것은 중국의 이익에 부합하지 않는다. 기술 종속성을 극복하기 위해서는 여전히 수출 시장과 자본 및 기술이 필요하기 때문이다.
- 마찬가지로 중국은 원자재 공급원, 성장하는 수출 및 투자 시장, 중국의 기술 및 자본의 목적지로서 글로벌 남부 국가들과의 관계를 구축하고자 한다.
- 중국의 세계 진출에서 드러나는 주요 특징: 기존 경제 질서에 대한 도전, 자유시장경제를 통한 리스크 완화, 신흥국 및 개발도상국과의 교류

덩샤오핑이 시작한 개혁 과정 내내 중국의 대외 경제 정책은 여전히 매우 제한적이고 통제되었다. 특히 자본 이동에 대한 엄격한 통제와 외국 투자 제한이 두드러졌다. 시진핑 시대에도 세계 경제와의 헤지 통합(hedged integration, 경제적으로 세계화에 참여하면서 동시에 정치적·사회적 자율성을 유지하는 전략_옮긴이)이라는 일반적인 주장은 변하지 않았다. 하지만 중국의 미래 개방에 대한 기준은 점점 더 중국의 독자적인 조건하에서 이루어지고 있다. 이 과정에서 중국은 국제 무역과 금융, 투자 유입 및 유출, '요새(fortress)' 중

국을 구성하는 데이터와 인력의 흐름에 대한 통제를 강화하고 있다. 또한 이것은 지난 수십 년 동안 중국의 통합을 주도한 상대적인 무역 개방이 중국에 있어 예외적인 경우였음을 상기시켜 준다.

이제 세계 경제 통합은 중국의 국익과 장기적인 경제 발전을 위해 중국의 조건에 따라 이루어져야 한다. 새로운 시장을 개발하고 가치 사슬을 통제하며 중국의 산업, 에너지, 식량 수요를 위한 주요 자원에 대한 접근성을 확보함으로써 경제적·기술적 의존도를 높이는 것이 중국의 목표이다. 중국은 자본주의가 주도하는 서구식 세계화를 추구하는 대신 당의 통제와 지도를 강화하는 독자적인 길을 모색하고 있다. 기업이 이윤을 추구하기 위해 국가의 전략적 목표와 무관하게 행동하는 세상은 시진핑의 경제 원칙과 상충된다. 국익이 이윤 추구 동기보다 우선시되어야 한다. 중국은 자국의 발전과 세계적 파워 확대를 위해 세계 경제와의 연결성을 유지해야 할 필요성을 인식하고 있지만, 자유로운 서구식 세계화를 경계하고 있다.

세계 경제 통합은 이제 중국의 조건에 따라 이루어져야 한다

그러나 중국은 고립의 길로 가고 있지 않다. 중국은 여전히 수출시장이 필요하고 기존의 기술 종속성을 극복하기 위해 자본과 기술이 필요하기 때문에 자유시장경제와 완전히 단절하는 것은 중국의 이익에 부합하지 않는다. 경제적 인센티브를 제공하는 것도 각국이 중국의 이익과 입장에 부합하도록 유지하는 데 효과적인 수단이다. 이를 촉진하기 위해 중국은 새로운 대안을 모색하면서 글로벌 사우스와의 관계를 강화하는 데 매우 적극적이다.

중국의 세계 진출에서 드러나는 세 가지 주요 특징은 기존 세계 경제 질서에 대한 도전, 자유시장경제를 통한 리스크 완화, 신흥국 및 개발도상국과의 교류이다.

중국은 글로벌 사우스와의 유대를 강화하고 있다

- **세계 질서에 대한 도전:** 세계 경제 강국으로서의 중국의 입지를 강화하려는 중국 지도부의 노력에는 비전도 야망도 결여되어 있다. 중국은 점점 더 많은 국가와 기업을 자국의 경제적 영향력이 미치는 범위로 끌어들이기 위한 노력을 배가하고 있다. BRI는 중국이 무역을 더 빠르게 확장하고 새로운 외부 수요의 원천이 되는 데 도움이 되었다. 투자 중심의 참여는 하드웨어를 구축하는 데 중점을 두었으며, 이를 실행하기 위한 소프트웨어 제공 협정으로 보완되었다. 미국의 경제 제재 및 미국의 글로벌 헤게모니가 약화되고 있다는 우려는 중국의 추가 진출과 경제적 영향력 확대에 힘을 실어주었다. 지정학적 변화에 대응하여 중국은 수많은 새로운 이니셔티브를 발표하면서 노력을 가속화하고 있다. 2022년에는 글로벌 개발 이니셔티브(GDI), 글로벌 안보 이니셔티브(GSI), 글로벌 문명 이니셔티브(GCI)의 삼위일체를 출범시켰다. 2001년에 결성된 상하이협력기구(SCO)와 같은 오래된 형식은 새로운 추진력을 얻게 된 것으로 보인다.
- **경제적 무게 중심 이동:** 이상적으로는 중국이 기술과 자본의 세

계적 공급자로서 자유시장경제의 우위를 대체하지는 못하더라도 대안을 제시해야 한다. 과거에는 자유시장경제와 경제 관계를 확대하는 것이 중국 발전의 촉매제였지만, 이제 중국은 수출을 위한 새로운 고객을 육성하기 위해 글로벌 사우스와 더 큰 관계를 맺으려 모색하고 있으며 이 새로운 시장에서의 발전을 촉진하고 있다. 중국은 미국이 자국 경제의 중력을 활용해서 주도하는 세계 질서에 좌절감을 느낀 글로벌 사우스의 챔피언으로 자신을 묘사하고 있다. 변화하는 세계적 맥락에서 중국의 다각적인 정책은 전 세계로부터 환영을 받고 있다.

- **중국만의 탈리스크 전략 개발:** 시장으로서의 제2의 중국은 없다는 선진국의 목소리처럼, 기술, 자본, 중국 수출 수요에 있어 중국을 위한 제2의 자유시장경제는 존재하지 않는 것이 엄연한 현실이다. 중국은 자립을 목표로 하고 있지만, 자국의 발전에 막대한 영향을 미치지 않고서는 모든 대외 의존도를 줄일 수 있는 위치에 있지 않다. 한 가지 방법은 외국 기업의 현지화를 통해 글로벌 가치 사슬을 흡수하는 것이다. 중국은 자국 내 핵심 기술 제공업체에 대한 외국인 투자에 많은 분야를 개방했는데, 아이러니하게도 이러한 분야에서의 개방은 외국 기술을 중국의 관할권으로 끌어들임으로써 기술 자립을 진전시키고 있다.

통합 추적: 중국 개방의 변화하는 역학 관계

프랑수아 시미트

그림 6-1 중국 경제가 이룬 세계 통합 수준은 낮은 상태이다

MERICS 중국국제화지수(MCII)

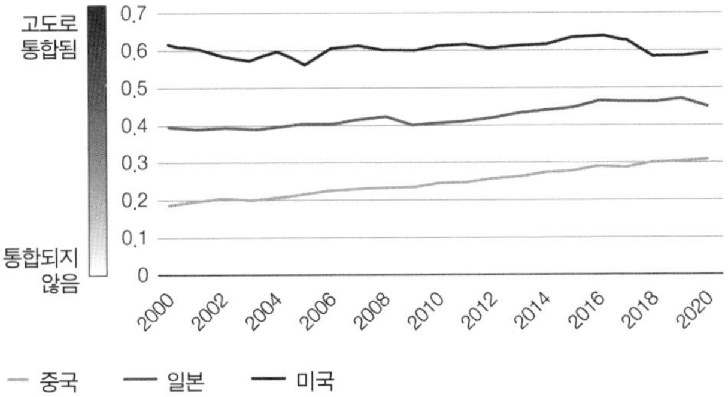

자료: MERICS

중국이 세계 경제로 통합되는 과정은 지난 20년간 지속되어 왔다. 그러나 중국이 이룬 세계 통합은 미국이나 일본보다 훨씬 낮은 수준이다. 시진핑 시대의 변화는 지속적인 통합을 위한 좋은 징조가 아니다. 법적인 통합과 사실상의 통합 사이의 격차가 커지고 있다는 것은 수많은 개방 조치가 발표되었음에도 불구하고 더 이상 이전과 같은 실질적인 변화를 만들어내지 못하고 있음을 의미한다. 중국 국제화의 역동성과 변화를 포착하기 위해 우리는 MERICS 중국국제화지수(MCII)를 개발하여 미국과 일본을 벤치마킹했다.

2016년부터 사실상의 MCII 통합은 법적 지수가 0.4에서 0.51로 급증했음에도 불구하고 정체 상태에 빠졌다. MCII는 계속 상승하여 2020년에 0.31이라는 새로운 최고치에 도달했다. MCII는 중국이 지난 몇 년 동안 세계와 단절되어 왔지만 동시에 세계 경제에서 더 중요해졌다는 명백하게 상충되는 견해를 조화시킨다. 실제로 중국 관점에서 세계화에 대한 중국 경제 통합의 하위지수는 2006년부터 2016년까지 정체되었지만, 나머지 세계 국가들에서 중국이 차지하는 중요성에 대한 하위지수는 지속적으로 증가했다.

그림 6-2 **무역은 중국이 세계 경제와 통합하는 주요 동력이다**

MCII 중국 하위지수

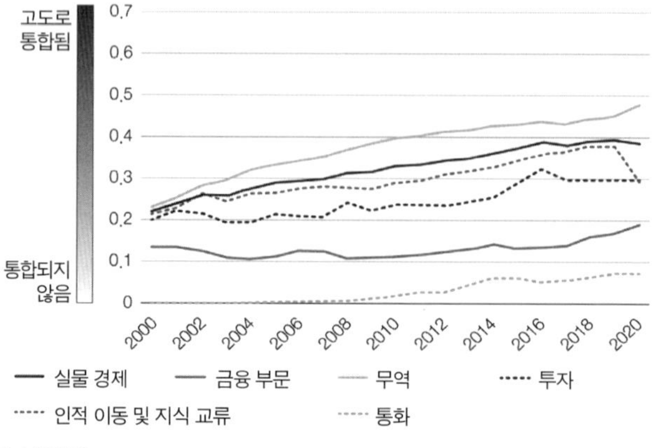

자료: MERICS

이 지수는 거의 50개의 변수와 12개의 하위지수를 사용하여 중국의 세계 통합 발전을 평가한다. 각 변수에 대해서는 중국과 세계 전체에 대한 상대적 중요성이 측정된다. 가중치의 60%는 무역, 투자, 인적 이동 및 지식 교류와 같은 실물 경제 부문을 반영하며, 나머지 40%는 주식, 대출, 채권 및 통화를 포함한 금융 부문의 통합 수준을 측정한다.

지수와 하위지수의 범위는 0에서 1까지이며, 0은 통합 없음을, 1은 완전 통합을 의미한다. 1의 기준은 G20 국가들의 최댓값을 토대로 하지만 특수성으로 인해 일반화가 적합하지 않은 경우 미세한 조정이 이루어진다.

중국의 세계 진출을 이끌어온 세계화는 구조적인 변화를 겪고 있으며, 중국은 새로운 위험과 기회를 통해 자신의 입지를 구축할 수 있는 기회를 맞이하고 있다. 중국이 세계와의 관계에서 취하고 있는 방향을 이해하려면 무역, 투자, 기술 및 금융의 변화하는 패턴을 살펴보는 것이 중요하다. 이 장의 마지막에 실린 두 가지 사례 연구에서는 전기차 분야의 신흥 글로벌 기술 리더인 BYD와 오랜 국유 해운 챔피언인 코스코가 국내뿐 아니라 해외에서도 중국의 전략적 목표에 어떻게 기여하고 있는지에 대해 살펴본다.

1. 무역: 중국은 새로운 수출 시장을 개척하고 중국 시장에 대한 의존도를 높이고자 한다

무역 관계를 증가시키는 것은 중국이 세계와 통합하는 데서 오랫동안 핵심 동력이었다. 중국은 2021년에 미국을 제치고 전 세계 71%와 교역하는 최대 무역 파트너로 부상했다.[1] 새로운 양자 무역 협정 또는 지역 무역 협정을 포함하여 중국과의 관계를 강화하는 것은 거대한 중국 시장에 대한 접근성을 확보하는 데 있어 거부할 수 없는 유혹이다. 수년간 선진국과의 교역이 호황을 누린 이후 수출 규모가 포화 상태에 가까워지고 있지만, 2022년 중국 수출의 40%가 EU, 미국, 일본으로 향하는 상황에서 새로운 수출 시장을 개척하는 것은 여전히 어려운 과제이다. 중국이 지역 공급망과 시장을 구축하는 데서는 역내포괄적경제동반자협정(RECEP), 포괄적-점진적 환태평양경제동반자협정(CPTPP) 같은 지역 무역 협정이 유용하다. 특히 동남아시아에서는 지정학적으로 중립적인 국가들이 미국의 봉쇄 노력에 동참할 가능성이 낮기 때문에 중국이 이러한 협정에 서명할 가능성이 더 높다.

중국이 세계와 통합하는 방식은 중국의 발전을 측정하는 데 결정적인 역할을 할 것이다

중국은 하이테크 분야와 핵심 자원(예를 들어, 미국산 대두, 호주산 철광석 및 석탄)에서 여전히 일부 서방 국가에 크게 의존하고 있다. 기술 의존도를 줄이기 위해서는 자급자족이 실행 가능한 해결책이지만, BRI를 추진함으로써 다변화 노력을 기울이는 것이야말로 중

그림 6-3 중국은 전 세계 철광석 판매를 지배하고 있지만, 호주와 브라질에 공급을 크게 의존하고 있다

2022년 철광석 수입 및 수출 상위 5개국

수입 상위 5개국			수출 상위 5개국		
국가	수량 (100만 톤)	세계 수입 점유율(%)	국가	수량 (100만 톤)	세계 수출 점유율(%)
중국	1,097	69.1	호주	856	59.2
일본	107	6.7	브라질	344	23.8
한국	67	4.2	남아프리카	58	4.0
독일	36	2.3	캐나다	56	3.9
대만	22	1.4	우크라이나	25	1.7
합계	1,586.8		합계	1,447	

자료:: SteelMint, World Steel Association

국이 부족한 자원(예를 들어, 브라질산 대두 및 철광석)을 확보하는 데 있어 핵심이다. 결론적으로 중국 정부가 아무리 노력한다고 해도 철광석이 중국 국경 내에서 저절로 생산되지는 않을 것이다(그림 6-3 참조).

중국은 현재 글로벌 사우스와의 관계를 강화하는 데 주력하고 있다. 중국이 신흥국과 맺은 전략적 관계는 중국의 세계 경제 영향력을 확대하고 식량 안보와 에너지 전환에 필수적인 원자재를 포함한 원자재에 대한 접근성을 개선했다. 2022년 12월 1일부터 중국은 아프리카 9개국에서 8,000여 개 품목에 대한 무역 제한을 완화했으며, 라틴 아메리카에서는 시장 접근과 상품 확보를 위해 무역 제한을 완화했다.[2]

중국은 특히 원자재와 저가 제품 수출에서 시장 접근성을 개선함으로써 얻을 수 있는 이득이 많은 반면, 선진국과의 고가 상품 경쟁은 무역 구조에 영향을 미칠 가능성이 높다. 그러나 2023년 5월 중앙재경위원회 회의에서 중국은 제조업의 중요한 기반을 제공하는 저가 산업을 포기하지 말고 이를 혁신해야 한다고 강조했다.[3]

중국은 약 20개국에 대해서만 무역 적자를 기록하고 있다

중국의 무역 구조는 수출 주도적이지 않고 원자재와 첨단 기술을 넘어 보다 다각화된 수입 구조에 의존하는 쪽으로 상당히 변화해야 할 것이다. 성장하는 무역은 중국의 제조업 우위로 인해 무역 적자 증가를 동반하는 경우가 많다. 중국은 약 20개 국가에 대해서만 무역 적자를 기록하고 있는데, 이는 한국, 대만, 싱가포르, 스위스를 제외한 모든 원자재 수출국에 해당한다. 하지만 중국 시장의 거대한 규모는 중국 정부가 경제 관계를 심화시키는 가장 큰 원동력이다. 중국 시장은 신흥 경제국에는 서구 시장에 대한 대안이 될 수 있고, 선진국에는 심화되는 정치적 분열을 극복하는 가교 역할을 할 수 있다(그림 6-4 참조).

2. 투자: 중국은 신흥 경제의 핵심 투자국이 되고 첨단 기술 투자를 유치하고자 한다

중국은 장기적으로 외국 투자를 받아들이고 이로부터 이익을 얻

그림 6-4 **중국과의 무역 관계는 불균형이 심한 경향이 있다**

중국의 지역별 무역 균형(단위: 10억 달러)

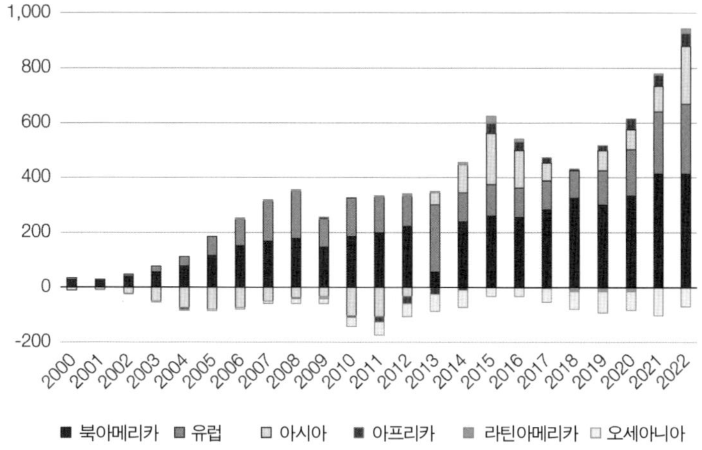

자료: The General Administration of Customs(GAC)

어왔으며, 특정 분야의 외국 투자를 제한하는 네거티브 리스트를 축소하고 외국 투자가 장려되는 분야 카탈로그를 개정함으로써 계속해서 투자 유치를 위해 시장을 개방하고자 노력하고 있다. 하지만 성장 예측 하락, 지정학적 위험, 그리고 더욱 제한적인 정치 환경으로 인해 많은 외국 기업에게 중국의 매력이 퇴색하고 있다. 세계 경제가 약세를 보일 것이라는 전망과 함께, 중국의 외국인직접투자(FDI)는 2023년 상반기에 25년 만에 최저치로 떨어졌다.[4] FDI는 이제 그 어느 때보다 기술 격차를 좁히고 공급망 탄력성을 향상시키는 데 집중하고 있다. 이는 하이테크 부문의 기업들이 중국 본토의

하이테크 기업에 대해 국내 고부가가치 생산 및 R&D와 관련한 레드카펫 대우를 기대할 수 있음을 뜻한다. FDI 감소가 갖는 중요성 및 이에 대한 우려로 인해 국무원은 2023년 8월에 양질의 투자 유치를 목표로 하는 새로운 조치를 발표했다.[5]

지난 10년 동안 중국은 해외의 주요 투자국으로 자리매김하기 시작했다. 초기에는 중국의 투자가 개발도상국에 집중되었다. 2013년에 출범한 일대일로와 2015년의 아시아인프라투자은행(AIIB)은 세계에서 중국의 입지를 강화하려는 시진핑 주석의 야심에 따른 노력이었다. 중국은 많은 개발도상국에게 매력적인 대안을 제공하고 있는데, 그중 하나는 투자를 인권이나 환경 보호 문제와 연계하지 않는 것이다. BRI와 AIIB의 핵심 요소는 개발도상국에서 필요로 하는 교통, 통신 및 에너지 인프라 수요를 충족하기 위한 금융 및 인프라 프로젝트에 중점을 두었다. 그러나 캄보디아의 시아누크 빌 특별 경제 구역과 같은 전용 개발 구역의 사례도 있다.

잠재적인 부채 함정이라는 비판과 약속한 투자 이행에 대한 실망감으로 일부 지역에서는 반발이 있었지만, 이 이니셔티브는 가시적인 성과를 거두었다. 중국은 인프라에서부터 기후 변화 대응에 이르기까지 다양한 프로젝트에서 경제 발전의 파트너로 인식되고 있다.

중국 기업은 선진국에서도 투자자로 주목받기 시작했다. 2016년에 중국 기업들은 EU27과 영국에 475억 유로를 투자했다.[6] 그러나 투자는 꾸준히 둔화되고 있다. 2022년 중국의 대유럽 투자는 2016년 최고치 대비 83% 감소한 79억 유로에 불과했다. 대유럽 투자가 감소한 이유는 중국의 자본이 축구 클럽이나 부동산과 같은 비전략적인 분야에 투자하는 것을 막기 위해 중국에서 자본 규제가 강화되었고 미국과 유럽의 정치적·규제적 반발로 인해 중국 기업의 인수합병(M&A) 거래, 특히 핵심 인프라와 기술 자산에서의 M&A 거래가 더욱 어려워졌기 때문이다. 2022년 M&A는 2011년(34억 유로) 이후 최저 수준으로 떨어졌지만, 기록적인 그린필드(45억 유로) 투자는 중국의 대유럽 투자의 새로운 희망이 되고 있다. 그린필드 투자액이 아직 미약하긴 하지만 이는 주로 전기차 배터리 등 일부 분야만을 대상으로 했기 때문이다.

지난 10년간 중국의 해외 투자가 급증했음에도 불구하고 자유시장경제와 중국 간의 투자 관계는 여전히 매우 불균등하다. 이들 국가의 기업들은 계속해서 중국에 많은 투자를 하고 있지만, 중국 또한 해외 기업에 많은 투자를 하고 있다. 2021년까지 유럽 기업이 중국에 투자한 금액은 총 2,336억 유로로 중국 기업이 유럽에 투자한 금액(699억 유로)의 3배가 넘는다.[7] 글로벌 투자국으로서 중국의 역할은 증가할 것으로 보이지만 자유시장경제 국가들이 BRI에 대응하여 새로운 개발 프로젝트를 내놓으면서 중국은 더 많은 경쟁에 직면하게 될 것이다. 투자 구조는 인프라 및 M&A에서 그린필드 투자로 더 많이 전환되어 중국 기업의 국제적 노출을 증가시켜야 할 것

그림 6-5 **중국의 대아세안 그린필드 투자는 자유시장경제에 뒤처져 있다**

지역별 아세안 제조업 부문에 대한 FDI 유입액(단위: 10억 달러)

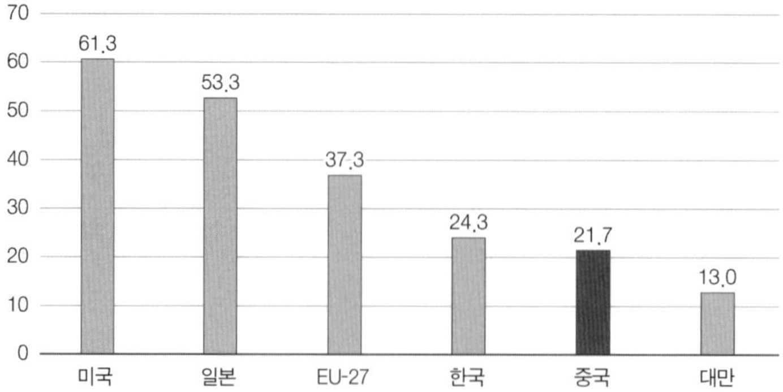

자료: ASEAN Statistics Division

이다. 예를 들어, 현재 중국이 아세안 제조업에 투자하는 비중은 미국, EU, 일본에 비해 크게 뒤처져 있다(그림 6-5 참조).

3. 기술: 중국은 글로벌 공급자로서의 입지를 넓히고자 한다

중국은 첨단 기술 분야에서 필수 불가결한 위치가 되었다

중국은 해외 유학생을 통해 또는 중요한 라이선스를 획득함으로써 글로벌 노하우를 활용할 수 있다. 예를 들어, 지식재산권(IPR) 수입에 대한 MCII 하위지수는 2020년 0.52를 기록하여 높은 수준의 통합을 보여주었다. 중국이 산업 역량을 지속적으로 확장하기 위해서는 해외 지식재산권에 대한 접근이 필수적이다. 그러나 중

그림 6-6 **발전에도 불구하고 중국은 해외 노하우에 의존하고 있다**

분기별 국제수지 기준 지식재산권 로열티(단위: 10억 달러)

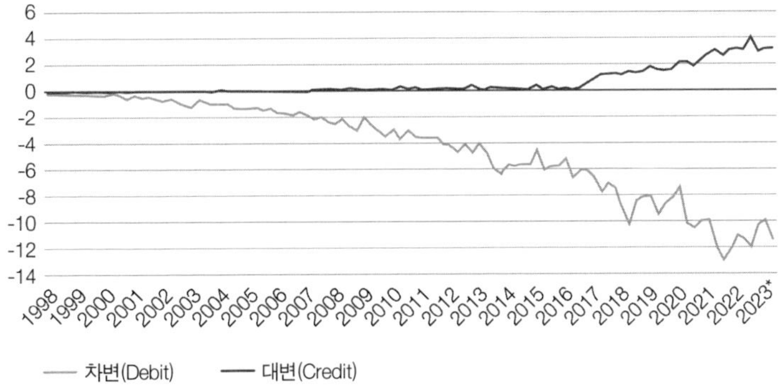

* 2023년 7월은 전년 동기 대비 수치임
자료: SAFE

국은 이미 자체적으로 지식재산권을 발행하는 기술 제공자로 진화하여 2017년 이후 강력한 성장세를 보이고 있다(그림 6-6 참조). 화웨이에서 샤오미에 이르는 기업은 소비자 가전 분야에서 유명한 기업이다. 중국 기업들은 5G 네트워크부터 고속철도 시스템, 에너지 솔루션(친환경 기술 포함)에 이르기까지 다양한 제품을 제공할 수 있다.

2022년 12월 시진핑 주석의 사우디아라비아 방문은 개발 파트너로서의 중국의 매력을 보여줬다. 체결된 계약에는 사우디에서 수소 에너지, 데이터 센터, 전기차 공장을 발전시키겠다는 약속이 포함되었다. 디지털 기업들은 인공지능, 이커머스, 모바일 결제 애플리케이션에서부터 통신, 스마트 시티, 감시 장비에 이르기까지 기술 제공자로서의 입지를 넓혀가고 있다. 2022년 11월에만 중국은 라오스, 태국, 싱가포르, 파키스탄과 전자상거래 계약을 체결했다.

중국의 기술 영향력이 커지고 있는 것은 중국의 혁신 역량이 향상되었기 때문이다. 자유시장경제의 하이테크 기업들은 이제 글로벌 경쟁력을 확보하기 위해서는 R&D 역량을 확대함으로써 중국 혁신 생태계의 일원이 되는 것이 필수적이라고 인식하고 있다.[8] 중국은 특히 디지털 애플리케이션, 스마트 제조, 전기/자율주행차와 같은 역동적인 분야에서 필수 불가결한 위치가 되었다. 중국은 하이테크 부문에서 성장 잠재력과 향상된 입지를 활용하여 중국을 하이테크 기업들이 거부할 수 없는 시장으로 만들 것이다.

기술에 대한 접근성을 유지하는 것은 중국의 미래 혁신 능력을 위해 여전히 중요하다. 중국은 중국 기술에 대한 수요를 창출하기 위해 해외에서 성공적으로 활동하고 있다. 신흥국 진출은 정부 대 정부 관계에 더 초점을 맞추고 있지만, 중국은 자유시장경제에 속한 기업과의 관계도 점점 더 강화하고 있다. 중국 정부는 이 기업들을 중국의 혁신 시스템과 연계하여 기술에 대해 국제적으로 더욱 탄력적으로 접근할 수 있기를 바라고 있다.

4. 금융: 중국은 미국 중심의 금융 시스템에 대한 대안을 제시하고자 한다

수년간의 약속 및 이론상 중국 금융 시장의 개방 이후, 이제 실제 자본의 흐름이 현실화되고 있다. 엄격한 자본 통제가 유지되고 있지만, 중국은 기존 채널을 확장하고 새로운 채널을 도입(예를 들어, 홍콩증권거래소 또는 상하이-런던증권거래소)함으로써 금융 시장을 전 세계와 연결하고 있다.[9] 과거의 금융 통합은 대부분 중국이 주식(해외에 상장된 중국 기업 포함) 및 채권(미국 국채 포함)을 매입하는 일방적인 방식이었지만, 이제는 보다 균형 잡힌 그림이 만들어지고 있다. 중국 금융 시스템의 정교함과 복잡성으로 인해 금융 시스템이 크게 개선되어 외국인 투자자들이 더 많이 참여하고 있다. 여기에는 중국 내에 위안화를 표시한 채권을 발행한 것과 역외 금융 시장을 확대한 것이 포함된다.

기존의 자본 계정 제한과 정치적 리스크 증가로 인해 자유시장경제의 투자자들은 세계 경제에서 중국이 차지하는 비중과 비교하여 중국에 대해 과소투자할 것으로 보인다. 그러나 점진적인 금융 통합은 선진국과 신흥국 모두에게 대안을 제공하기 때문에 중국의 세계 경제 관계에서 핵심 동력으로 남을 가능성이 높다.

중국은 또한 세계 무역 결제에서 달러화가 차지하는 지배력을 깨기 위해 적극적으로 노력하고 있다. 새로운 희망은 e-CNY(인민은

그림 6-7 **중국은 파리클럽은 물론 IMF와 세계은행의 대출 규모도 추월했다**

저소득 국가 및 중간 소득 국가의 양자 간 부채(단위: 10억 달러)

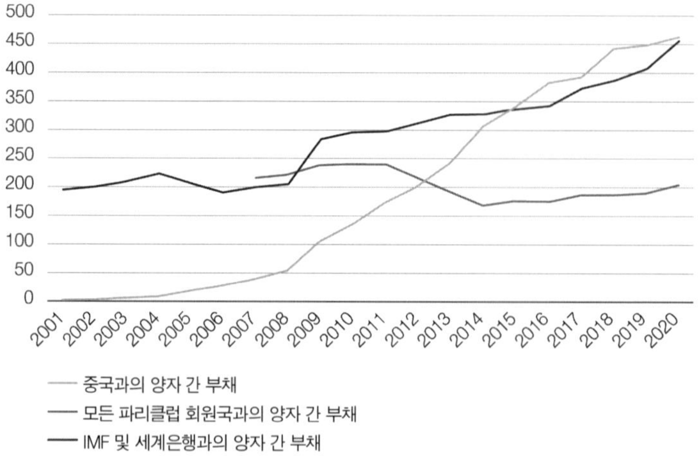

자료: Horn et al., "China's oversea lending"(2021), World Bank, 저자 추정

행의 디지털 화폐)와 CHIPS(현재의 세계 결제 시스템 SWIFT를 대체하는 세계 결제 시스템)를 도입하는 데 달려 있다. 러시아의 경우, 중국 통화가 결제에 사용된 비율이 2014년 3.1%에서 2021년 17.9%로 증가했기 때문에 이는 유용한 대안이 되었다.[10] 2023년에 사우디아라비아, 아르헨티나, 그리고 브라질은 중앙은행 간 스왑 계약 등을 통해 중국과의 무역에서 위안화 사용을 늘리는 것을 목표로 하고 있다. 위안화의 국제화는 가속화될 가능성이 높지만, 중국이 엄격한 자본 계정 통제를 포기해야 하기 때문에 한계가 있을 수밖에 없다.

위안화의 국제화는 가속화될 가능성이 높지만 한계가 있다

인프라 중심 투자에 중점을 두면서 중국은 2020년 기준 4,500억 달러의 순 대출을 제공하는 주요 대출 제공국이 되었다(그림 6-7 참조).[11] 글로벌 사우스를 옹호한다는 중국의 내러티브와 일관되게 대부분의 대출은 개발도상국에 제공되었다. 중국은 주요 대출기관으로서 더 많은 재정적 힘을 발휘할 수 있지만 리스크가 없는 것도 아니다. 채무 불이행은 중국의 금융 시스템에 상당한 외부 리스크를 초래하고 있다.

사례 연구

주식회사 중국의 전형인 코스코의 글로벌 진출

야코프 군터

해운 서비스 제공업체이자 항만 운영사인 코스코(COSCO, 中國遠洋海運集團有限公司)는 시진핑 주석의 국제적 야망에서 핵심적인 역할을 담당하고 있다. 이 국유 해운 대기업은 지난 10년 동안 크게 성장했으며 진정한 글로벌 입지를 확보하고 있다.

코스코는 당-국가가 직접 관리하며 전략적 역할에서 상당한 지원을 받고 있다

- 국가 소유: 코스코는 (국무원 산하기관인) 중국 국유자산관리국(SASAC)이 소유하고 관리하는 97개 중앙 국유기업 중 하나로서 당-국가의 직접적인 통제를 받는다. 회사의 일상적인 비즈니스의 대부분은 일반적인 시장 및 상업적 조건에 따라 이루어지지만, 코스코는 주주에 대한 신탁 책임을 가지고 운영되는 것이 아니라 베이징의 전략적 목표를 염두에 두고 운영된다는 점을 이해하는 것이 매우 중

요하다.

- 자국 시장 이점 보호: 중국은 외국 해운 회사에 대해서는 중국 내에서 국제선 운송 서비스만 수행하도록 허용하고 있으며, 중국 내 운송 및 환적 서비스는 중국 기업이 소유한 중국 국적 선박에만 허용하고 있다. 반면 코스코는 직접 또는 현지 자회사를 통해 유럽에서 모든 운송 유형을 제공할 수 있다.
- 저렴한 국가 금융: 워싱턴 DC의 싱크탱크인 전략국제문제연구소(CSIS)의 연구에 따르면 중국 해운 업계는 2010년부터 2018년까지 국영 금융기관으로부터 1,270억 달러의 자금을 지원받았다.
- 보조금: 동일한 CSIS 보고서에 따르면 2010~2018년에 해운 업계에 대한 직접 보조금이 최소 580억 달러에 달했다.
- BRI 지원: BRI 항만 프로젝트의 주요 업체 중 하나인 코스코는 조달 과정에서 항만 자체의 BRI 계약에 대한 특권을 누리고 있으며, 이에 따라 해당 해운 서비스의 파트너로서도 입지를 굳히고 있다.
- SASAC가 주도하는 지분 투자: SASAC는 특정 프로젝트를 위한 자금을 조달하기 위해 국유기업 간의 지분 매각을 조정하고 촉진할 수 있다. 이는 일반 금융 시장에서 이루어질 수 있는 일이지만 SASAC가 잠재적 투자자로 가득 찬 시장을 대상으로 설득할 필요 없이 구매자에게 정치적 주장을 제시하기 때문에 판매자에게 유리하다. 예를 들어, 2017년에는 (SASAC가 소유한 조선 독과점 업체로부터) 선박 구매 자금을 조달하기 위해 코스코가 다른 8개 국유기업에 지분을

매각했을 때 이런 일이 발생했다. 중요한 것은 이런 일이 다른 방향으로도 일어날 수 있다는 것인데, 코스코는 다른 국유기업에 투자하라는 명령을 받아야 하는 부담을 안게 된다.

- 수직적으로 통합된 가치 사슬: 코스코는 중앙 소유의 97개 국유기업 중 하나이며, 이들 기업의 지주회사이자 관리자이다. 업스트림과 다운스트림 모두에서 코스코의 공급업체와 고객사 중 상당수가 국유기업인데, 특히 많은 기업이 SASAC 소유이다. 이는 코스코를 지원하기 위해 공급업체의 가격 인하 또는 구매업체의 가격 인상을 통해 보조금을 전달할 수 있는 가능성을 열어준다. 중요한 것은 지원이 코스코로 향할 수도 있지만 코스코에 요구를 할 수도 있다는 점이다(그림 6-8 참조).

베이징과 완벽하게 연계된 코스코는 시진핑의 전략적 목표를 거의 자유롭게 추진할 수 있다

코스코는 중국의 해외 야망에서 중요한 역할을 담당하고 있으며, 선박과 전 세계 항구에 대한 투자 규모를 크게 확장했다. 이 회사는 보호되고 보조금이 많이 지원되는 자국 시장에서 광범위한 지원을 받고 있으며, 성공적으로 해외로 진출했다. 코스코는 유럽 화주들이 직면하는 주주 수익률에 대한 신탁 책임 없이도 시장 점유율을 놓고 치열하게 경쟁할 수 있다. 중요한 것은, 코스코의 일부 항만 투자와 일부 개발도상국 시장에서의 막대한 입지는 갑작스러운 투자 철회 또는 해운 사업 중단으로 무역에

그림 6-8 **코스코는 긴 국유 가치 사슬의 한 고리에 불과하다**

구성 요소와 소프트웨어를 제외한 주요 가치 사슬 부문은 SASAC 또는 기타 국가 소유 및 운영 기업이 담당한다

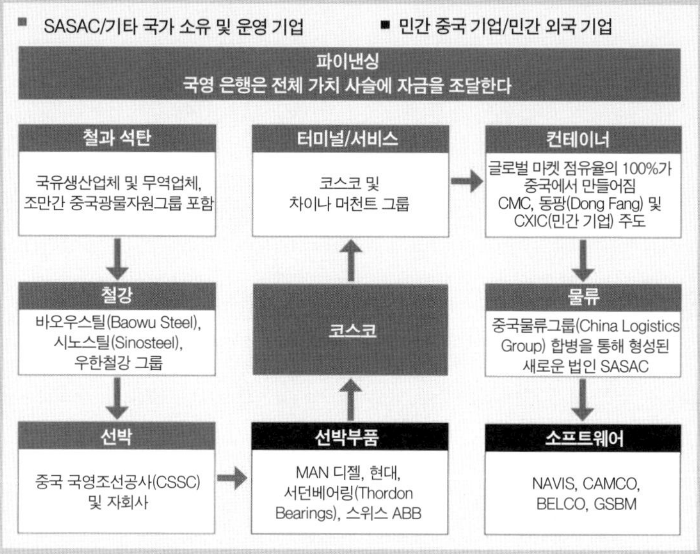

자료:: MERICS, 연례보고서

심각한 영향을 미칠 수 있기 때문에 중국이 다른 국가를 경제적으로 압박하는 잠재적 수단이 될 수 있다는 것이다. 지금까지 코스코는 별다른 반발 없이 해외에서 중국의 이익을 증진시켜 왔다. 그러나 유럽 항구에 대한 코스코의 초기 투자(여기에 대해서는 거의 조사되지 않았다)에서부터 더 강력한 반발(예를 들어 함부르크 항구에서 일어난 거래에 대한 반발)에 이르기까지 EU의 태도 변화는 이것이 변화할 수 있음을 시사한다.

사례 연구

BYD는 중국의 전기차 혁명을 해외로 가져가고 있다

그레고르 세바스티안

전기 자동차 제조업체인 BYD는 중국 정부의 지원으로 세계 최대의 자동차 브랜드를 보유한 제조 강국이라는 오랜 목표를 달성하면서 세계 업계에서의 리더가 되기 위한 길을 걷고 있다. BYD는 자동차 공급망에 깊이 통합되어 있으며 공급업체가 만든 부품을 조립할 뿐만 아니라 배터리, IGBT 칩, 엔진 같은 고부가가치 부품을 실제로 생산도 하고 있다. 따라서 BYD는 기술 자립을 달성하고 글로벌 가치 사슬을 끌어올리려는 중국의 캠페인에서 없어서는 안 될 중요한 기업이다. 또한 BYD는 (전체 전기차 생태계와 함께) 세계로 진출하는, 그리고 고부가가치 수출, 해외 시장 투자 수단, 선진국과 개발도상국 시장에 대한 기술 제공업체가 되어가는 베이징의 국제화 노력에서 핵심적인 역할을 담당하고 있다.

BYD는 충분한 지원 혜택을 받았다

• 지방 정부의 보호: 왕촨푸는 다음과 같이 언명했다. “선전이 없었다

면 당연히 BYD도 없었을 것이다."[12] 실제로 지방 정부는 연구 기관의 제휴를 장려하는 등 우대 정책을 통해 BYD의 부상을 촉진했을 뿐만 아니라 BYD와 합작회사를 설립하고 다른 자동차 제조업체를 배제한 맞춤형 보조금을 설계하기도 했다.[13 14 15]

- 자국 시장 우위 보호: 중국은 전기차 구매 보조금을 화이트리스트(whitelist, 특정 기준을 충족하는 대상을 허용 목록에 추가하는 것_옮긴이)에 있는 배터리 제조업체를 사용하는 것을 조건으로 하여 BYD를 포함한 중국 배터리 제조업체를 해외 경쟁으로부터 보호했다.[16] 화이트리스트가 중단되기 전에는 중국 배터리 제조업체만 이 목록에 포함되어 있었다.
- 저렴한 정부 자금 지원: BYD는 이러한 전략적 기업에 자금을 지원하는 국유 정책 은행의 신용 혜택을 반복적으로 받아왔다. 2008년에는 중국개발은행이 BYD에 대출을 제공했고, 1년 후에는 중국은행이 22억 달러를 지원했다.[17 18]
- 보조금: 중앙 정부의 구매 보조금은 BYD의 전기차 비즈니스 모델을 가능하게 했으며, BYD는 50억 위안의 직접적인 (그리고 공개적으로 알려진) 보조금 외에도 329억 위안의 구매 보조금을 받았다.[19 20]
- 업스트림 지원 및 국유 파트너: BYD는 또한 국유 공급업체 또는 국가 지원 공급업체와의 긴밀한 협력과 지원을 통해 혜택을 누리고 있다. 2020년부터 국유 철강업체인 안스틸(AnSteel)과 R&D 협업을 진행하고 있다.[21] BYD, FAW 푸디 신에너지 기술 등의 자회사는 국

그림 6-9 **BYD의 글로벌 입지가 빠르게 확장하고 있다**

중국 최고의 자동차 제조업체 BYD의 전기차 승용차 판매 및 해외 투자 현황

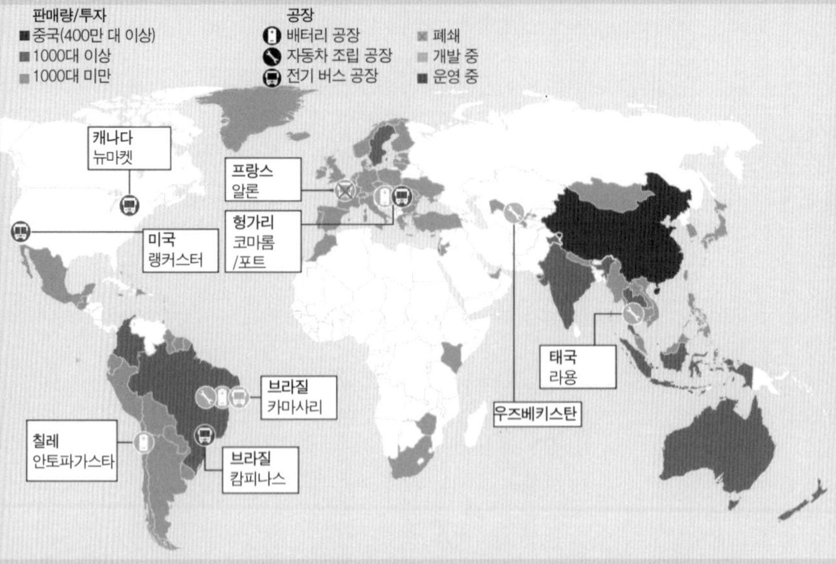

주: 2023년 8월 기준
자료: 회사 보고서 및 뉴스 보도를 기반으로 한 MERICS

유기업과 여러 합작 투자를 통해 회사의 생산 능력과 R&D 역량을 더욱 강화할 수 있었다. 또한 BYD는 배터리 생산에 필요한 채굴 및 원자재 정제에 관여하는 기업들에게 저렴하게 자금을 조달함으로써 간접적으로 혜택을 받았다.

BYD의 글로벌 입지는 베이징의 EV 야망에 대한 성공을 시사한다

베이징은 정부의 지원과 직결되는 BYD의 부상을 매우 효과적으로 지

원했다. 베이징의 보호와 육성이 없었다면 BYD와 같은 중국 자동차 및 배터리 제조업체가 이만큼 성장하기는 어려웠을 것이다.

결과적으로 BYD는 중국이 산업 정책 목표를 달성하도록 돕고 있다. 이 회사는 중국이 글로벌 가치 사슬을 강화하고 내연기관과 같은 외국 기술 및 석유 수입에 대한 의존도를 낮추는 데 도움을 주고 있다. 또한 BYD는 중국이 해외에서 경제적·정치적 영향력을 확보하는 데에도 도움을 주고 있다. 이 회사는 남미 등 해외 주요 전기 버스 시장을 장악하고 있으며, 현재 중국이 전기차 수출국으로 부상하도록 지원하고 있다(그림 6-9 참조).

7

중국은 경제와 이데올로기의 균형을 맞추기 위해 분투하고 있다

지난 10년 동안 시진핑은 이전 장들에서 설명한 이념적 원칙을 바탕으로 중국 경제 시스템을 재구성함으로써 자신의 비전을 점진적으로 확장할 수 있었다. 2023년 중국 경제는 다시 당의 강력한 지도 아래 있으며, 경제 정책 결정은 자유시장경제에 대한 불신이 커지면서 어려움을 겪고 있다. 중국 특색의 경제 부흥이라는 2049년 비전을 달성하기 위해 시진핑의 경제 우선순위 실행이 본격화되고 있다. 그러나 모든 것이 순조로운 것은 아니며 시 주석의 3기 임기는 순탄치 않은 출발을 보이고 있다.

수십 년 동안 생활이 개선되었지만 일부에서는 전망이 바뀌고 있다

경제적 이해관계와 정치적 이해관계를 조화시키는 것이 본질적으로 어려워지고 있다. 지정학적 우선순위를 추구하면 경제에 대가가 따른다는 사실이 분명해지고 있다. 중국 내 소비 패턴이 팬데믹 이전으로 빠르게 회복될 것이라는 기대는 좌절되었고 민간 기업은 어려움을 겪고 있다. 지도부는 코로나19, 역동적인 기술 부문에 대한 단속과 부동산 문제, 그리고 지정학적 위험의 상승 등의 요인이 복합적으로 작용하는 것을 과소평가한 것 같다.

경제가 당-국가가 처방한 정책 치료제를 흡수하고 있는 상황이지만, 이로 인해 각 주체에게서 부작용이 나타나고 있다.

- **사회:** 수십 년 동안 생활이 개선된 후 일부 사람에게서는 전망이 바뀌고 있다. 중국 젊은이들 중 일부는 개혁이 시작된 이후 발전이 정체되는 것을 목격하는 첫 번째 세대가 될 위험이 있

다. 기록적인 수준의 청년 실업률과 열악한 임금 전망으로 인해 환멸이 커지고 있다. 성장하는 민족주의가 이 상황에 어느 정도 대응할 수 있겠지만, 국가를 위해 고난을 받아들이는 것은 많은 사람들에게 어려운 일이 될 것이다.

- **관료주의:** 시진핑 1기 임기 초와 비교하자면, 당과 정부 관료들은 그때와 매우 다른 생태계에서 활동하고 있다. 반부패 캠페인, 중국공산당 이데올로기의 부활, 점점 더 하향식이고 캠페인 스타일인 정책 결정 방식은 지역 차원에서 정책 결정을 실험할 인센티브를 감소시켰다. 정치적 모자를 쓰고 일해야 하는 공무원들은 자신들의 생태계에서 실제로 작동할 수 있는 것보다 이념적으로 옳은 것을 결정하는 것이 더 중요하다고 계속 생각할 가능성이 높으며, 더 나쁜 경우에는 자신들이 취할 어떤 조치의 결과가 잘못될 수 있다는 두려움 때문에 행동하지 않는 방식을 선택할 가능성이 높다.
- **중국 기업:** 많은 민간 기업들은 경제 정책의 방향성과 대립하고 있다(물론 일부 기업은 우선순위를 완전히 수용함으로써 번창하기도 한다). 만일 당의 전략적 우선순위와 일치하지 않아서 수익성 전망이 제한되어 있을 경우, 많은 혁신적이고 생산적인 경제 행위자들은 기업가 정신의 위험을 감수하지 않음으로써 머리를 숙이는 선택을 할 실제 위험이 있다. 마찬가지로 지난 수십 년 동안 자유시장경제를 섬기며 번창해 온 많은 수출 지향적인

중소기업들도 정치가 점점 더 비즈니스에 방해가 되면서 대립할 수 있다.

외국 기업은 탈위험과 현지화 사이에서 균형을 잡아야 한다

- **외국 기업:** 낮은 성장 전망과 변화하는 시장 환경으로 인해 외국 기업은 중국 시장에서 자신들의 입지를 다지기 위해 전략적으로 조정을 할 수밖에 없다. 많은 기업은 경쟁 우위를 잃지 않으면서도 위험 제거와 현지화 사이에서 균형을 잡아야 한다. 중국은 여전히 외국 기업, 특히 자국에 필요한 기술 분야에서의 외국 기업을 지속적으로 유치하고 있지만, 기업들은 불투명한 국가 안보 규제에 휘말리거나 그들의 본국 정부의 행동으로 인해 처벌을 받을 위험이 점점 더 높아지고 있다.

최근의 경제 정책 조정은 더 자유로운 경제 정책으로의 복귀를 의미하지 않는다

중국 정부는 2023년 여름, 경기 침체에 대응하여 민간 기업 및 외국 기업과 가계의 우려를 완화하기 위한 다양한 정책을 발표했다. 이러한 정책은 경제 시스템의 방향에 대한 우려를 완화하는 데 초점을 맞춘 것으로 보인다. 가장 눈에 띄는 조치는 다음과 같다.

- 2023년 7월 14일, 민간 부문 관련: "민간 경제의 발전과 성장

촉진에 관한 중국공산당 중앙위원회와 국무원의 의견(中共中央 國務院關於促進民營經濟發展壯大的意見)"[1]

- **2023년 7월 31일, 소비 관련:** "국무원 총판공실, 회복 및 소비 확대 조치에 대한 국가 발전 개혁위원회의 통지(國務院辦公廳轉發國家發展改革委關於恢複和擴大消費措施的通知)"[2]
- **2023년 8월 13일, 외국인 투자 관련:** "외국인 투자 환경 최적화 및 유치 강화에 대한 국무원 의견(國務院關於進一步優化外商投資環境 加大吸引外商投資力度的意見)"[3]
- **2023년 9월 4일, 민간 부문 관련:** 국가 개혁 및 발전위원회(NDRC)가 "민간 경제 발전국(民營經濟發展局)"을 새로 설립[4]

이들 정책은 공정한 경쟁, 시장 지향적 구조조정, 법치 강화, 소비 촉진 노력뿐만 아니라 외국 기업에 대한 더 많은 기회 제공도 포함한다. 이러한 조치들은 시진핑의 당 경제 원칙을 이행하는 것이 민간 부문과 가계의 정서에 어떤 영향을 미쳤는지를 인정한 것이기도 하다. 경제성장을 지원하기 위한 노력은 더 개혁적인 언어를 되살리며, 감독 강화를 목표로 하는 당의 노력과 대비된다. 그러나 이러한 조치와 언어에서 종종 강조되는 '실용주의'는 아직 시진핑의 경제 거버넌스 접근 방식에서 근본적인 변화를 나타낼 가능성이 높지 않다. 오히려 이러한 단계들은 톤과 타이밍의 문제이다.

3차 전인대가 다가올수록 중국의 경제가 계속 어려움을 겪는 한 이러한 표현은 더 많이 나올 것으로 예상할 수 있다. 기업 심리를 개선하기 위한 노력으로 시장과 개방의 중요성이 강조될 것이다. 이는 경제 주체들이 지정학적으로 초점을 맞춘 시진핑의 새로운 정치에 적응하면서 느끼는 충격을 완화하기 위한 것이다. 그러나 2013년 3차 전인대에서 언급된 것과 마찬가지로, 시진핑의 국가 비전과 당의 역할이라는 더 큰 맥락에서 이 단어를 볼 필요가 있다.

3차 전인대에서 설정된 정책 방향은 전략적 우선순위와 충분한 경제 성장 사이의 균형을 조정하려는 지도부의 시도를 평가할 수 있는 시험대이자 기회가 될 것이다. 현재로서는 실질적인 조정이라기보다는 상징적인 조정에 가깝다. 의미 있는 정책 방향의 전환을 위해서는 훨씬 더 많은 경제적·사회적 압력이 필요할 것이다. 그럼에도 불구하고 최근의 민간 부문 강화 조치는 지도부가 시장 정서에 영향을 받지 않는 것은 아니며 당이 모든 주체에게 정책 목표를 설득하는 데 어려움을 겪고 있음을 상기시켜 준다.

물론 성공 여부는 확실하지 않다. 경제를 이념적으로 합리화하는 작업이 실패하여 향후 더 큰 정책 조정이 필요할 수도 있다. 하지만 현재로서 전반적인 방향은 시진핑이 지난 10년간 설정한 경로를 엄격하게 따르고 있다. 저성장 시대에도 시 주석은 경제 주체들에게 자신의 비전을 강요하고 약간의 양보로 조정을 제한할 가능성이 높아 보인다.

현재 전개되고 있는 사건들은 2000년대 초반에 중국이 세계 경제로 통합된 것만큼이나 큰 영향력을 미칠 수 있다. 그러나 경제적 및 지정학적 맥락은 자유시장경제와의 통합에서 자유시장경제와의 경쟁으로(자유시장경제와의 갈등까지는 아니더라도) 극적으로 바뀌었다. 중국의 미래 개혁과 개방은 시진핑이 구상하는 다음 단계의 발전 전략 맥락에서 이해해야 한다. 유럽과 다른 자유시장경제 국가들은 2013년 때처럼 중국의 발전경로에 대해 희망적인 생각을 갖는 대신, 시스템적 차이를 인정하고 상호 공존할 수 있는 길을 모색해야 한다. 여기에는 시스템적 도전을 받아들이고 경쟁에 대비하는 것이 포함된다.

전체적인 방향은 시 주석이 제시한 경로를 엄격하게 따르고 있다

중국과의 관계 그리고 오늘날의 세계화의 구조적 변화는 유럽에 경종을 울리는 것으로 보아야 한다. 이는 기회이기도 하지만 수십 년간 굳어진 사고방식을 깨트릴 용기를 필요로 하기도 한다. 정책 입안자와 기업 이사회는 변화하는 중국에 대응해야 하는 딜레마에 직면하여 계속해서 방어적인 자세를 취하고 있다. 유럽 정책은 중국의 왜곡 및 중국에 대한 의존으로부터 공동 시장을 방어하는 조치에 초점을 두고 있고, 기업의 최고 경영층은 중국 시장에서 기반을 굳히는 방법에 대한 논의에 집중하고 있다.

모든 이해관계자는 제3시장에서 중국과 경쟁하기 위해 필요한 전략이 무엇인지 냉정하게 계산하는 보다 공격적인 자세를 취하는 것이 좋다. 기업의 경우 이것은 제3시장에서 시장 점유율을 확보하고 점점 더 발전된 경쟁자들과 맞서 싸울 수 있는 단호한 전략을 의

미한다. 정책 입안자들의 경우 이것은 제3국과의 관계를 강화하고 유럽의 관할권 외부 시장에서 유럽 수출 및 투자자를 지원하는 데 필요한 프레임워크를 구축하는 것을 의미한다. 간단히 말하자면, 유럽은 개혁과 개방을 시작한 후 중국에 적용했던 전략과 유사한 전략을 다른 시장에서 추구해야 한다는 것이다.

주

제1장 신시대: 시진핑, 중국 경제를 다른 길로 이끌다

1 Cerdeiro, Diego A. & Ruane, Cian. International Monetary Fund WP/22/32 (2022). "China's Declining Business Dynamism." February 2022. https://www.imf.org/-/media/Files/Publications/WP/2022/English/wpiea2022032-print-pdf.ashx#:~:text=While%20this%20slowdown%20in%20aggregate,2019%20(see%20Figure%201a). Accessed: August 30, 2022.

제2장 시 주석의 정책은 성장을 넘어 전략적 국가 목표에 부합한다

1 Red Flag Manuscript (2018). "從站起來、富起來到强起來的偉大實踐看中國共產黨的理論創新" (Examining The Theoretical Innovation of the Communist Party of China from the Great Practice of Standing Up, and Becoming Prosperous to Growing Strong). February, 24. http://www.qstheory.cn/dukan/hqwg/2018-02/24/c_1122443420.htm. Accessed: August 30, 2023.

2 People's Daily (2021). "從站起來、富起來到强起來的偉大飛躍" (The Great Leap From Standing Up, and Becoming Prosperous, to Growing Strong). July, 24. http://theory.people.com.cn/n1/2021/0624/c40531-32138960.html. Accessed: August 30, 2023.

3 Huang, Ruihan & Henderson, Joshua. Macro Polo (2022). "The Return of The Technocrats in Chinese Politics." May, 3. https://macropolo.org/analysis/return-technocrats-chinese-politics/. Accessed: August 20, 2023.

4 Asia Society Policy Institute. "Decoding Chinese Politics." https://asiasociety.org/policy-institute/decoding-chinese-politics. Accessed: August 30, 2023.

5 Xi, Jinping. Qiushi (2020). "不斷開拓當代中國馬克思主義政治經濟學新境界" (Unceasingly open up the borders of contemporary Chinese Marxist political economy). August, 15. http://www.qstheory.cn/dukan/qs/2020-08/15/c_1126365995.htm. Accessed: August 30, 2023.

6 Hale, Thomas. Financial Times (2021). "Creditors of Chinese conglomerate HNA begin bankruptcy proceedings." January, 29. https://www.ft.com/content/0bd72906-e3eb-444d-a62b-6e16daf49ed0. Accessed: August 30, 2023.

7 McMorrow, Ryan & Yu, Sun. Financial Times (2021). "The vanishing billionaire: how Jack Ma fell foul of Xi Jinping." April, 15.

https://www.ft.com/content/1fe0559f-de6d-490e-b312-abba0181da1f. Accessed: August 30, 2023

Zhong, Raymond & Stevenson, Alexandra. The New York Times (2021). "Jack M a Shows Why China's Tycoons Keep Quiet." April, 22.

https://www.nytimes.com/2021/04/22/technology/jack-ma-alibaba-tycoons.html. Accessed: August 30, 2023.

8 Blanchette, Jude. China Leadership Monitor (2020). "From "China Inc." to "CCP Inc.": A New Paradigm for Chinese State Capitalism." December, 1.

https://www.prcleader.org/post/from-china-inc-to-ccp-inca-new-paradigm-for-chinese-state-capitalism. Accessed: August 30, 2023.

Naughton, Barry & Boland, Briana. CSIS (2023). "CCP Inc.: The Reshaping of China's State Capitalist System." January, 31.

https://www.csis.org/analysis/ccp-inc-reshaping-chinas-state-capitalist-system. Accessed: August 30, 2023.

9 Zhu, Julie; Shen, Meg & Roumeliotis, Greg. Reuters (2020). "China slams the brakes on Ant Group's $37 billion listing." November, 3.

https://www.reuters.com/article/us-ant-group-ipo-idUSKBN27J1OS. Accessed: August 30, 2023.

10 State Administration for Market Regulation (2021). "國務院反壟斷委員會關於平台經濟領域的反壟斷指南" (Antimonopoly Committee of the State Council's Antimonopoly Guidelines on the Platform Economy Area). July, 2.

https://www.gov.cn/xinwen/2021-02/07/content_5585758.htm. Accessed: August 30, 2023.

11 Reuters (2023). "China acquires 'golden shares' in two Alibaba units." January, 13.

https://www.reuters.com/technology/china-moving-take-golden-shares-alibaba-tencent-units-ft-2023-01-13/. Accessed: August 30, 2023.

12 Goh, Brenda. Reuters (2021). "China's Alibaba to invest $15.5 bln for 'common prosperity'." September, 2.

https://www.reuters.com/world/china/chinas-alibaba-invest-155-bln-towards-commonprosperity-2021-09-02/. Accessed: August 30, 2023.

제3장 당-국가의 새로운 정책 툴킷은 기업들을 비슷한 수준으로 만들고 있다

1 Zhang, Chunlin (2019). How much Do State-Owned Enterprises Contribute to China's GDP and Employment. Washington, D.C.: World Bank Group; and Asia Financial (2021). "China's Liu He Reassures Private Businesses Rattled by Crackdowns." September, 6.

https://www.asiafinancial.com/chinas-liu-he-reassures-private-businesses-rattled-by-crackdowns. Accessed: August 30, 2023.

2 Huang, Tainlei & Veron, Nicolas (2022). The Private Sector in China: The Evolving Ownership Structures of the Largest Companies in the Xi Jinping Era. Washington, D.C.: Peterson Institute for International Economics.

3 상하이-런던 주식 연계는 2021년에 확장되어 선전 상장 기업은 물론 독일과 스위스의

자본 시장에 대한 접근도 포함되었다. Reuters (2021). "Shanghai-London Stock Connect to include Germany, Switzerland." December, 17.
https://www.reuters.com/business/china-securities-regulator-says-broaden-shanghai-london-stockconnect-02021-12-17/. Accessed: August 30, 2023.

4 Zenglein, Max J. & Karnfelt, Maximilian (2019). MERICS China Monitor: China's caution about loosening cross-border capital flows. Berlin: Mercator Institute for China Studies.

5 Reuters (2021). "China intervenes to manage commodity prices." August, 4.
https://www.reuters.com/world/china/china-intervenes-manage-commodity-prices-2021-08-04/. Accessed: August 30, 2023.

6 Economic Daily (2020). "民營企業在構建新發展格局中肩負重大曆史使命" (Private enterprises shoulder a major historical mission in building a new development pattern). December, 2.
https://www.gov.cn/xinwen/2020-12/02/content_5566354.htm. Accessed: August 30.

7 Central Committee of the Communist Party of China & State Council (2019). "中共中央國務院關於營造更好發展環境支持民營企業改革發展的意見" (Opinions of the Central Committee of the Communist Party of China and the State Council on Creating a Better Development Environment to Support the Reform and Development of Private Enterprises). December, 22.
https://www.gov.cn/zhengce/2019-12/22/content_5463137.htm. Accessed: August 30.

8 Xinhua News Agency (2020). "指導開創民營經濟統戰工作新局面的綱領性文獻——中央統戰部負責人就《關於加强新時代民營經濟統戰工作的意見》答記者問" (The person in charge of the United Front Work Department of the Central Committee answers reporters' questions on "Opinions on Strengthening the United Front Work of the Private Economy in the New Era"). September, 16.
https://www.gov.cn/zhengce/2020-09/16/content_5543717.htm. Accessed: August 30, 2023.

제4장 중국은 모든 수단을 동원해 기술 자립을 추진한다

1 University of Groningen and University of California, Davis (2019). "Total Factor Productivity at Constant National Prices for China," retrieved from FRED, Federal Reserve Bank of St. Louis.
https://fred.stlouisfed.org/series/RTFPNACNA632NRUG. Accessed: August 30, 2023.

2 Xinhua News Agency (2020). "中央經濟工作會議在北京舉行 習近平李克强作重要講話 (Central Economic Work Conference Held in Beijing, Xi Jinping and Li Keqiang Deliver Important Speeches)." December, 18.
http://www.xinhuanet.com/politics/leaders/2020-12/18/c_1126879325.htm. Accessed: August 30, 2023.

3 Brown, Alex, Chimits, Francois, Sebastian, Gregor, MERICS (2023). Accelerator state: How China fosters "Little Giant" companies.

https://www.merics.org/en/report/accelerator-state-how-china-fosters-littlegiant-companies. Accessed: 6th September, 2023.

4 Qiushi (2020). "國家中長期經濟社會發展戰略若幹重大問題" (Some Major Problems Facing Medium to Long Term National Economic and Social Development). October, 10.
http://www.qstheory.cn/dukan/qs/2020-10/31/c_1126680390.htm. Accessed: August 30, 2023.

5 Pao, Jeff. Asia Times (2023). "China bans export of core solar panel technologies." February, 1.
https://asiatimes.com/2023/02/china-bans-export-of-core-solar-panel-technologies/. Accessed: August 30, 2023.

6 International Energy Agency (2022). Solar PV Global Supply Chains.
https://www.iea.org/reports/solarpv-global-supply-chains/executive-summary. Accessed: August 30, 2023.

7 Ministry of Commerce of the PRC (2023). "商務部 海關總署公告2023年第23號 關於對鎵、鍺相關物項實施出口管制的公告" (Ministry of Commerce General Administration of Customs Announcement No. 23 of 2023, Announcement on Export Control on Gallium and Germanium Related Items). July, 3.
https://www.mofcom.gov.cn/article/zwgk/gkzcfb/202307/20230703419666.shtml. Accessed: August 30, 2023.

8 United States Geological Survey (2022). Mineral Commodity Summaries 2022. Virginia: U.S. Geological Survey.

9 Jing Liu, Rui Hu, and Shurui Ma. Economic Information Daily (2022). "國產機器人成長快速'堵點'待解" (Domestic robots are growing rapidly, but there are 'bottlenecks' to be resolved). January, 18.
http://www.jjckb.cn/2022-01/18/c_1310428653.htm. Accessed: August 30, 2023.
Zheshang Securities (2022). "機器人行業深度報告：人形機器人風起，核心零部件助力揚帆遠航" (Humanoid Robots Wind up, Core Components Help Sail Away - Robot Industry in-Depth Report). October, 15.
https://pg.jrj.com.cn/acc/Res/CN_RES/INDUS/2022/10/15/5d546581-4fdc-4b14-aea8-7741818b8a97.pdf. Accessed: August30, 2023.

10 Strategic Consulting Center for the Academy of Engineering (2017). "《中國制造2025》重點領域技術創新綠皮書----技術路線圖" ("Made in China 2025" Green Paper on Technological Innovation in Key Areas - Technology Roadmap). Bejing: Publishing House of Electronics Industry.
http://www.cm2025.org/uploadfile/2018/0307/2018030814131234. pdf. Accessed: August 30, 2023.

11 International Federation of Robotics (2021). "中國機器人安裝量創曆史新高" (China's Robot Installations Hit Record High). October, 28.
https://ifr.org/downloads/press2018/MAINLAND_CHINA-2021-OCTIFR_press_release_industrial_robots.pdf. Accessed: August 30, 2023.

12 GG-robot. "《'十四五'機器人產業發展規劃》, 透露了機器人行業哪些趨勢?" (The 14th Five-Year Plan for the Development of the Robotics: Industry reveals what trends are emerging in the robotics industry). December, 19.

https://www.gg-robot.com/art-72180.html. Accessed: August 30, 2023.

13 Ministry of Industry and Information Technology (2019). "工業和信息化部關於公布第一批專精特新"小巨人"企業名單的通告" (Notice of the Ministry of Industry and Information Technology on the Announcement of the First List of Specialised, Specialised and New "Small Giants" Enterprises). June, 18. http://www.gov.cn/xinwen/2019-06/18/content_5401193.htm. Accessed: August 30, 2023.

14 Leaderdrive (2022). Annual Report 2022. https://static.sse.com.cn/disclosure/listedinfo/announcement/c/new/2023-04-29/688017_20230429_XMNP.pdf. Accessed: August 30, 2023.
Leaderdrive (2021). Annual Report 2021. https://static.sse.com.cn/disclosure/listedinfo/announcement/c/new/2022-04-23/688017_20220423_12_G6hijwhd.pdf. Accessed: August 30, 2023.

15 Leaderdrive (2022). Annual Report 2022. https://static.sse.com.cn/disclosure/listedinfo/announcement/c/new/2023-04-29/688017_20230429_XMNP.pdf. Accessed: August 30, 2023.

16 Leaderdrive News Center (2019). "國家重點研發計劃項目啟動會在蘇州綠的諧波順利召開" (National Key R&D Programme Project Kick-off Meeting Successfully Held in Suzhou Green Harmonic). February, 11. http://www.leaderdrivecn.com/news_details_107256.html. Accessed: August 30, 2023.

17 Government of Wuzhong District, Suzhou (2021). "零突破！綠的諧波獲國家級制造業單項冠軍!" (Breakthrough from Zero! Leaderdrive was awarded a national manufacturing individual championship!). July, 1. http://www.szwz.gov.cn/szwz/bmdt/202101/27b0118cbe844d92b2339c0f7011e2a7.shtml. Accessed: August 30, 2023.

18 Zheshang Securities (2022). "機器人行業深度報告：人形機器人風起, 核心零部件助力揚帆遠航" (Humanoid Robots Wind up, Core Components Help Sail Away - Robot Industry in-Depth Report). October, 15. https://pg.jrj.com.cn/acc/Res/CN_RES/INDUS/2022/10/15/5d546581-4fdc-4b14-aea8-7741818b8a97.pdf. Accessed: August 30, 2023.

19 Gereffi, Gary & Zhao, Jing (2022). "Upgrading of Chinese Domestic Firms in Advanced Manufacturing: Evidence from Industrial Robots and High-Tech Medical Devices." In: Gereffi, Bamber & Fernandez-Stark (eds.). China's New Development Strategies, pp 195-233. Singapore: Palgrave MacMillan.

20 Chinese Institute of Electronics (2021). "中國機器人產業發展報告（2021年）" (China Robotics Industry Development Report (2021)). http://www.worldrobotconference.com/uploads/202109/2021%E4%B8%AD%E5%9B%BD%E6%9C%BA%E5%99%A8%E4%BA%BA%E4%BA%A7%E4%B8%9A%E5%8F%91%E5%B1%95%E6%8A%A5%E5%91%8A.pdf/. Accessed: August 30, 2023.

21 Suzhou City Network (2021). "蘇州再添八家"國家級"制造業冠軍企業" (Suzhou added eight more "national" manufacturing champion enterprises). January, 10. http://news.2500sz.com/doc/2021/01/10/673153. shtml. Accessed: August 30, 2023.

22 The Economist (2012). "Who's afraid of Huawei?" August, 4. https://www.economist.com/leaders/2012/08/04/whos-afraid-of-huawei. Accessed: August 30, 2023.

23 Cramer-Flood, Ethan & Boland, Briana. CSIS (2022). "CCP Inc. in Malaysia: How State Capitalism Supports and Constrains China's Tech Giants". December, 16. https://www.csis.org/analysis/ccp-incmalaysia-how-state-capitalism-supports-and-constrains-chinas-tech-giants. Accessed: August 30, 2023.

24 Udin, Efe. GizChina (2022). "5G base stations: China soars as the rest of the world lags behind." December, 20. https://www.gizchina.com/2022/12/20/5g-base-stations-china-soars-as-the-rest-of-theworld-lags-behind/#:~:text=According%20to%20global%20times%2C%20the,base%20stations%20at%20the%20moment. Accessed: August 30, 2023.

25 Cramer-Flood, Ethan & Boland, Briana. CSIS (2022). "CCP Inc. in Malaysia: How State Capitalism Supports and Constrains China's Tech Giants". December, 16. https://www.csis.org/analysis/ccp-incmalaysia-how-state-capitalism-supports-and-constrains-chinas-tech-giants. Accessed: August 30, 2023.

26 Yap, Chuin-Wei. The Wall Street Journal (2019). "State Support Helped Fuel Huawei's Global Rise." December, 25. https://www.wsj.com/articles/state-support-helped-fuel-huaweis-globalrise-11577280736. Accessed: August 30.

27 Huawei (2023). "Annual Report 2022." https://www-file.huawei.com/minisite/media/annual_report/ annual_report_2022_cn.pdf. Accessed: August 30, 2023.

28 Livingston, Scott. CSIS (2020). "Huawei, HONOR, and China's Evolving State Capitalist Tool Kit." December, 11. https://www.csis.org/analysis/huawei-honor-and-chinas-evolving-state-capitalist-toolkit. Accessed: August 30, 2022.

29 Kruse, Simon & Winther, Lene. Berlingske (2019). "Banned recording reveals China ambassador threatened Faroese leader at secret meeting." December, 10. https://www.berlingske.dk/internationalt/banned-recording-reveals-china-ambassador-threatened-faroese-leader. Accessed: August 30, 2023.
Bloomberg (2020). "China warns France against treating Huawei differently from European competitors for 5G contracts." February, 10. https://www.scmp.com/tech/gear/article/3049764/china-warns-france-against-blatant-discriminationagainst-huawei-5g. Accessed: August 30, 2023.
Shi, Jiangtao. South China Morning Post (2019). "Chinese ambassador accused of threatening German car industry if Huawei is frozen out." December, 15. https://www.scmp.com/news/china/diplomacy/article/3042190/chinese-ambassador-accused-threatening-german-car-industry-if. Accessed: August 30, 2023.
Mukherjee, Supantha. Reuters (2021). "Ericsson plans cut in China ops on Huawei backlash, flags supply chain issues." October, 19. https://www.reuters.com/technology/ericsson-plans-cut-china-opshuawei-backlash-flags-supply-chain-issues-2021-10-19/. Accessed: August 30, 2023.
Azavedo Rocha, Priscila. Bloomberg (2020). "China Poised to Pull Plans for U.K.

Nuclear Plants." June, 7.
https://www.straitstimes.com/world/europe/china-poised-to-pull-plans-for-uk-nuclear-plants. Accessed: August 30, 2023.
Miglani, Sanjeev & Dasgupta, Neha. Reuters (2019). "China warns India of 'reverse sanctions' if Huawei is blocked - sources." August, 6.
https://www.reuters.com/article/us-huawei-india-exclusive/exclusive-china-warns-india-of-reverse-sanctions-if-huawei-is-blocked-sources-idUSKCN1UW1FF. Accessed: August 30, 2023.

30 Sohu (2020). "近五年發明專利Top20企業公布：華爲第二 OPPO第五" (Invention patents in the last five years Top 20 companies announced: Huawei second OPPO fifth). October, 10.
https://www.sohu.com/a/425150090_237972. Accessed: August 30, 2023.

31 Cerulus, Laurens. Politico (2022). "Germany is (still) a Huawei hotspot in Europe." December, 14.
https://www.politico.eu/article/germany-is-still-a-huawei-hotspot-in-europe-5g-telecoms-network/. Accessed: August 30, 2023.

32 Peking University School of Computer Science (2023). "北京大學計算機學院三位教授榮獲四枚'火花獎'" (Three professors from Peking University's School of Computer Science have won four Spark Awards) March, 17.
https://cs.pku.edu.cn/info/1304/3862.htm. Accessed: August 30, 2023.

33 Kirton, David. Reuters (2023). "Huawei launches in-house software system after being cut off from US services." April, 20.
https://www.reuters.com/technology/huawei-launches-in-house-software-systemafter-being-cut-off-us-services-2023-04-20/. Accessed: August 30, 2023.

34 Liu, Qiancr. Financial Times (2023). "'We have survived': China's Huawei goes local in response to US sanctions." May, 3.
https://www.ft.com/content/32f40217-dc3e-4e02-9433-0c20ae3d7d79. Accessed: August 30, 2023.
Reuters (2023). "Huawei makes breakthroughs in design tools for 14nm chips - media." March, 24.
https://www.reuters.com/technology/huawei-makes-breakthrough-design-tools-14nm-chips-media-2023-03-24/. Accessed: August 30, 2023.

35 Chen, Eliot. The Wire China (2022). "Who is Hubble Technology?" January, 30.
https://www.thewirechina.com/2022/01/30/who-is-hubble-technology/. Accessed: August 30, 2023.
Chem Chang. The New York Times (2023). March, 31.
https://www.nytimes.com/2023/03/31/business/huaweiannual-earnings-2022.html. Accessed August 30, 2023.

제5장 시진핑의 새로운 사회 계약은 전략적 목표를 최우선으로 한다

1 World Bank (2022). "Lifting 800 Million People Out of Poverty - New Report Looks at Lessons from China's Experience." April, 1.
https://www.worldbank.org/en/news/press-release/2022/04/01/lifting-800-million-people-out-of-poverty-new-report-looks-at-lessons-from-china-s-experience.

Accessed: August 30, 2023.
2 World Bank Blogs (2022). "New World Bank country classifications by income level: 2022-2023." July, 1. https://blogs.worldbank.org/opendata/new-world-bank-country-classifications-incomelevel-2022-2023. Accessed: August 30, 2023.
3 White, Edward. Financial Times (2022). "Xi Jinping's last chance to revive the Chinese economy." October, 5. https://www.ft.com/content/92cbe94d-05a0-4ece-bca9-68cb82244b17. Accessed: August 30, 2023.
4 Zenglein, Max J. (2018). Institutional Framework and Dysfunctionality of the Transitional Chinese Wage Bargaining Regime (Labor and Globalization). Germany: Rainer Hampp.
5 https://merics.org/en/short-analysis/time-different-structural-economic-reform-challenges-xis-3rd-term
6 Wu, Guoguang. Asia Society Policy Institute (2022). "China's Common Prosperity Program: Causes, Challenges, and Implications." December 2022. https://asiasociety.org/sites/default/files/2022-03/ASPI_ChinaCommonProsp_report_fin.pdf. Accessed: August 30, 2023.
7 Hurun Research Institute (2022). "Hurun China Philanthropy List 2022." December, 16. https://www.hurun.net/en-US/Info/Detail?num=WIWVJLUHGIU1. Accessed: August 30, 2023.
8 Mary Gallagher. China Leadership Monitor (2023). "China's Struggle for Common Prosperity." March, 1. https://www.prcleader.org/post/china-s-struggle-for-common-prosperity. Accessed: August 30, 2023.
9 Zenglein, Max J. (2018). Institutional Framework and Dysfunctionality of the Transitional Chinese Wage Bargaining Regime (Labor and Globalization). Germany: Rainer Hampp.
10 Nulimaimaiti, Mia. South China Morning Post (2023). "China jobs: how Beijing's vocational-training push is undermined by deeply ingrained education stigmas." February, 7. https://www.scmp.com/economy/china-economy/article/3209272/china-jobs-how-beijings-vocational-training-pushundermined-deeply-ingrained-education-stigmas. Accessed: August 30, 2023.
11 China Change (2023). "China Has a Youth Unemployment Problem; Guangdong Province Spearheads a Plan to Send 300,000 Youth to the Countryside by the End of 2025." April, 7. https://chinachange.org/2023/04/07/china-has-a-youth-unemployment-problem-guangdong-province-spearheads-a-planto-send-300000-youth-to-the-countryside-by-the-end-of-2025/. Accessed: August 30, 2023.
12 Creaders (2023). "清華教授：10年前後, 中國是兩個不同的國家" (Tsinghua professor: 10 years ago, China was two different countries). April, 30.

https://news.creaders.net/china/2023/04/30/2603228.html. Accessed: August 30, 2023.

13 Howell, Sabrina; Lee, Henry & Heal, Adam (2015). Leapfrogging or Stalling Out? Electric Vehicles in China. Cambridge, MA: Mossavar-Rahmani Center for Business and Government, Harvard Kennedy School.

14 Nikkei (2020). "Toyota to provide China's GAC with hybrid system." October, 15. https://asia.nikkei.com/Business/Automobiles/Toyota-to-provide-China-s-GAC-with-hybrid-system. Accessed: August 30, 2023.

15 China Daily (2022). "GAC Toyota upgrades NEV production capacity." December, 21. https://www.chinadaily.com.cn/a/202212/21/WS63a2c007a31057c47eba5820.html. Accessed: August 30, 2023.

16 Nagayasu, Masahiro. Nidec Corporation (2019). "Nidec to Form a Joint Venture with a Subsidiary of China-Based Guangzhou Automobile Group Company for Automotive Traction Motors." August, 1.
https://www.nidec.com/en/ir/news/2019/news0801-03/. Accessed: August 30, 2023.

제6장 중국은 세계 경제에서 중심적인 위치를 차지하기 위해 경쟁한다

1 2000년에도 미국은 전 세계의 88%와 여전히 더 강력한 무역 관계를 유지하고 있었다. 2021년까지 중국은 전 세계의 71%와 더 강력한 무역 관계를 맺으면서 미국을 오래 전에 추월했다. 2000년에 중국의 최대 무역 상대였던 20개국과 비교하면 88%는 147개국이었고, 미국의 최대 무역 상대였던 39개국과 비교하면 71%는 95개국이었다.

2 Nyabiage, Jevans. South China Morning Post (2022). "China on course for Africa trade boost as it offers duty-free access to 9 more countries." November, 22. https://www.scmp.com/news/china/diplomacy/article/3199961/china-course-africa-trade-boost-it-offers-duty-free-access-nine-more-countries. Accessed: August 30, 2023.
Jennings, Ralph. South China Morning Post (2022). "China slowly undercutting US influence in Latin America with 5 'new factor' trade deals." August, 28. https://www.scmp.com/economy/global-economy/article/3190316/china-slowly-undercutting-us-influence-latinamerica-5-new. Accessed: August 30, 2023.

3 Sohu (2023). "傳統產業不能當成"低端產業"簡單退出" (Traditional industries cannot be treated as "lowend industries" and simply withdrawn). May, 11. https://www.sohu.com/a/674627887_257321. Accessed: August 30, 2023.

4 Bloomberg (2023). "China's Foreign Investment Gauge Declines to 25-Year Low." August, 7.
https://www.bloomberg.com/news/articles/2023-08-07/china-foreign-investment-gauge-at-25-year-low-amidhigh-tensions#xj4y7vzkg. Accessed: August 30, 2023.

5 State Council (2023). "國務院關於進一步優化外商投資環境 - 加大吸引外商投資力度的意見" (Opinions of the State Council on Further Optimising the Foreign Investment Environment - Opinions on Increasing Efforts to Attract Foreign Investment). August, 13.
https://www.gov.cn/zhengce/zhengceku/202308/content_6898049.htm. Accessed:

August 30, 2023.

6 Rhodium Group & MERICS (2023). "EV battery investments cushion drop to decade low: Chinese FDI in Europe 2022 Update." May, 9.
https://merics.org/en/report/ev-battery-investments-cushion-dropdecade-low-chinese-fdi-europe-2022-update. Accessed: August 30, 2023.

7 European Commission (2023). "China: EU trade relations with China. Facts, figures and latest developments."
https://policy.trade.ec.europa.eu/eu-trade-relationships-country-and-region/countriesand-regions/china_en. Accessed: August 30, 2023.

8 MERICS (2022). "The bumpy road ahead in China for Germany's carmakers." October, 27.
https://merics.org/de/studie/bumpy-road-ahead-china-germanys-carmakers. Accessed: August 30, 2023.

9 MERICS (2019). "China's caution about loosening cross-border capital flows." June, 19.
https://merics.org/en/report/chinas-caution-about-loosening-cross-border-capital-flows. Accessed: August 30, 2023.

10 Global Times (2022). "Yuan to see increased use in bilateral trade between China and Russia as dollar, euro share declines, 'pushing internationalization drive.'" December, 2.
https://www.globaltimes.cn/page/202212/1280969.shtml. Accessed: August 30, 2023.

11 MERICS (2023). "China's global debt holdings are increasingly a liability for Beijing." July, 4.
https://www.merics.org/en/tracker/chinas-global-debt-holdings-are-increasingly-liability-beijing. Accessed: August 30, 2023.

12 Sina (2022). "王傳福：謝謝深圳" (Wang Chuanfu: Thank you Shenzhen). September, 2022.
https://finance.sina.com.cn/nextauto/hydt/2022-12-09/doc-imxwarir1542482.shtml. Accessed: August 30, 2023.

13 Shenzhen Science and Technology Innovation Commission (2011). "深圳市人民政府關於印發深圳新材料產業振興發展規劃（2011—015年）的通" (Notice of the Shenzhen Municipal People's Government on Printing and Distributing the Shenzhen New Material Industry Revitalization and Development Plan (2011-2015)). August, 3.
http://stic.sz.gov.cn/xxgk/kjgh/content/post_2908046.html. Accessed: August 30, 2023.

14 National Energy Administration (2012). ""深圳模式"給力純電動汽車發展" ("Shenzhen model" to force the development of pure electric vehicles). July, 3.
http://stic.sz.gov.cn/xxgk/kjgh/content/post_2908046.html. Accessed: August 30, 2023.

15 Broken link: https://news.yiche.com/info/33881822.html

16 S&P Global Market Intelligence (2019). "China Continues Support For New-Energy

Vehicles Despite Subsidy Phaseout." November, 11.
https://www.spglobal.com/marketintelligence/en/news-insights/research/china-continues-support-for-new-energy-vehicles-despite-subsidy-phaseout. Accessed: August 30, 2023.

17 Chen, Zhijie. Nanfang Daily Media Group (2008). "比亞迪、奇瑞獲銀行貸款與政府采購支持" (BYD and Chery Receive Bank Loans and Government Procurement Support). December, 15.
https://auto.sohu.com/20081215/n261207163.shtml. Accessed: August 30, 2023.

18 Reuters (2009). "BYD gets $2.2 bln in credit from Bank of China." December, 3.
https://www.reuters.com/article/byd-china-idUSPEK20977020091203. Accessed: August 30, 2023.

19 Ministry of Industry and Information Technology (2021). "關於2016 - 2020年度新能源汽車推廣應用補助資金清算審核初審情況的公示" (Announcement on the preliminary review of the liquidation and review of subsidy funds for the promotion and application of new energy vehicles in 2016-2020). June, 9.
https://www.miit.gov.cn/zwgk/wjgs/art/2021/art_99ae13aa81d04a358e0443700fe100ce.html. Accessed: August 30, 2023.

20 Li, Jiaxing. KrASIA (2021). "NEV companies received USD 5 billion in subsidies from the Chinese government between 2016 and 2020." September, 8,
https://kr-asia.com/nev-companies-receivedusd-5-billion-in-subsidies-from-the-chinese-government-between-2016-and-2020. Accessed: August 30, 2023.

21 Gasgoo (2020). "BYD, Ansteel forge strategic partnership for R&D of lightweight, monorail tech, steel supply." August 12.
https://autonews.gasgoo.com/m/70017434.html. Accessed: August 30, 2023.

제7장 중국은 경제와 이데올로기의 균형을 맞추기 위해 분투하고 있다

1 Central Committee of the Communist Party of China & State Council (2023). "中共中央　國務院關於促進民營經濟發展壯大的意見." (Opinions of the Central Committee of the Communist Party of China and the State Council on Promoting the Development and Strengthening of the Private Economy). July, 14.
https://www.gov.cn/zhengce/202307/content_6893055.htm. Accessed: August 30, 2023.

2 State Council (2023). "恢複和擴大消費措施的通知." (Measures to Restore and Expand Consumption). July, 31.
https://www.gov.cn/zhengce/content/202307/content_6895599.htm. Accessed: August 30, 2023.

3 State Council (2023). "國務院關於進一步優化外商投資環境 - 加大吸引外商投資力度的意見" (Opinions of the State Council on Further Optimising the Foreign Investment Environment - Opinions on Increasing Efforts to Attract Foreign Investment). August, 13.
https://www.gov.cn/zhengce/zhengceku/202308/content_6898049.htm. Accessed: August 30, 2023.

4 https://www.gov.cn/zhengce/202309/content_6901921.htm

지은이

막스 쳉글라인(Max J. Zenglein) 수석 이코노미스트는 중국의 거시경제, 국제 무역 및 산업 정책을 집중적으로 연구하고 있다. 특히 중국의 진화하는 경제 시스템과 홍콩, 마카오, 대만의 경제 상황에 관심이 많다. MERICS에 합류하기 전에는 독일 상공회의소의 경제 분석가로 근무했다.

야코프 군터(Jacob Gunter) 수석 애널리스트는 중국의 정치경제, 산업 정책, 혁신, 자립, 디커플링을 다루며 EU가 제3시장에서 중국과 경제적으로 더 잘 경쟁하는 방법을 모색하고 있다. 중국에서 10년간 거주하며 일했으며, 최근 4년간은 베이징에 있는 유럽상업회의소에서 선임 정책 및 커뮤니케이션 매니저로 근무했다.

옮긴이

박행웅은 대학교와 대학원에서 영어를 전공했다. 1970년대 초부터 1990년대 말까지 KOTRA에서 해외 무역관으로 10년, 국내에서 20년 근무하면서 무역 진흥 및 정보 관련 업무에 매진했다. 2000년대 초부터 출판계에서 주로 번역 업무에 종사하고 있다. 주요 역서로는 『인터넷 갤럭시』(2004), 『네트워크 사회』(2009), 『마누엘 카스텔의 커뮤니케이션 권력』(2009), 『트럼프의 미국 우선주의』(2019), 『미중분쟁의 실상』(2020), 『한국전쟁과 냉전의 시대』(2020), 『벼랑 끝에 선 타이완』(공역, 2023) 등이 있다.

한울아카데미 2522

당이 정한다

메르카토르중국연구소 보고서

지은이 막스 쳉글라인·야코프 군터
옮긴이 박행웅
펴낸이 김종수
펴낸곳 한울엠플러스(주)
편집 신순남

초판 1쇄 인쇄 2024년 6월 10일
초판 1쇄 발행 2024년 6월 20일

주소 10881 경기도 파주시 광인사길 153 한울시소빌딩 3층
전화 031-955-0655
팩스 031-955-0656
홈페이지 www.hanulmplus.kr
등록번호 제406-2015-000143호

Printed in Korea.
ISBN 978-89-460-7522-1 93340

※ 책값은 겉표지에 표시되어 있습니다.